とんとん むかし

―― 語ろう！ 八王子のむかし話 ――

高尾山とんとんむかし語り部の会

揺籃社

発行に寄せて

私が八王子の昔話や伝説を知ったのは、故菊地正先生を通してでした。多摩地方の民俗学、口頭伝承に興味を覚えて、学び始め、三十五年以上たってしまいました。

平成十四年（二〇〇二）、菊地先生は八王子に語り部がいなくなってしまうと危惧され、語り部を育成する講座を、高尾山大山御貫首様のご理解のもと高尾山不動院を会場に開講されました。

東京都の中核都市として発展する八王子ですが、たくさんの昔話や伝説が残されています。大きな都市の中でこれほど多くのお話が残され、語り伝えられてきたことは大変珍しいことだと思います。まぎれもなくこれは、八王子の人々が大事に語り継ぎ、残してきたもので無形の文化だといえるでしょう。

「八王子の昔話や伝説は、八王子の宝物です」と菊地先生は口癖のように言われていました。

先人たちが語り継いできたものを、今の私たちが語り継ぎ、次の時代に引きついでいかなければなりません。

語り部として、数々の場所で、残されているお話を語ってまいりましたが、喜んでいただけると同時に、こんなお話があることを知らなかった、といわれます。八王子の東西南北、あらゆる地域に残され語られてきたお話は、語り部の会が発信してこなければ、この十五年ちかくの間に忘れられてしまったかもしれません。地域の歴史や里人の思い、温かな民情が、平成という時代の中で、顧みられることなく姿を消していたかもしれません。

自分の住んでいるところで昔、どんなことが起こっていたのか、人々は支えあい、協力し合って生活してきたことを昔話は教えています。

最近、お話を聞いてくださった方々から、「そのお話はどんな本に書いてあるのですか。子供に語ってあげたいのですが……」という声をいただくことが増えてきました。

本来なら口頭で語り継がれていくものですが、昔話や伝説を聞く機会も少なくなってきていますので、本を通して語り部という媒体に興味を持っていただけるよう、武州語りのできる本として、このたび出版いたしました。昔話を通して親子の触れ合いを深めてほしいと願っております。

会員の手で編集されたもので、完全なものではありませんので、お気づきのことがございましたら是非ご教示くださいますようお願い申し上げます。

この本の発行に際して、菊地フミ子様、髙尾山薬王院渋谷秀芳様、田原勘意様（片倉書房）、一宮満里様、ショッパー八王子支社様、たましん地域文化財団様から快く承諾をいただきましたことをあらためて御礼申し上げます。
これまで、高尾山とんとんむかし語り部の会の活動に、ご理解と応援をいただいております多くの方々に、心から感謝申し上げます。

平成二十八年六月吉日

高尾山とんとんむかし語り部の会
会長　吉　田　美　江

発刊によせて

八王子市長　石森孝志

このたび、「高尾山とんとんむかし語り部の会」の皆さんによりまとめられた八王子の昔話が書籍として発刊されることを心からお慶び申しあげます。

幼い頃、だれでも聞いたことのある「昔話」。それは、本市にも数多く伝えられており、そこに住む人々の生活や暮らしに密着した地域の特色を表す「物語」であると思います。

本市には、市の名前の由来となった八王子城跡をはじめ、数多くの歴史遺産が存在しています。この本には、本市の豊かな歴史と文化が感じられる昔話も紹介されており、読者の皆さんがふるさと八王子を知り、郷土愛を育んでいただく手助けになるものと確信しております。

今回の発刊は、昔話を愛する心が実を結ばれたものであり、携わった方々のご尽力に心から敬意を表するとともに、これからも「高尾山とんとんむかし語り部の会」の皆様が、昔話の研究を続けられ、より一層発展されますことを心から期待いたします。

平成二十八年六月吉日

八王子の昔話を語り伝える

髙尾山主　大山　隆玄

當山が毎月発行する広報誌「髙尾山報」は、昭和三十四年より回を積み上げ、現在六百二十八号と相成り、御信徒のみならず多くの有縁の皆様にご協力を頂き継続し、髙尾山信仰の心の縁となって参りました。

この「髙尾山報」において、昭和六十四年の正月号から平成十八年三月号まで十八年間にわたり、故・菊地正先生より貴重な原稿を賜り、どうしても寺という宗教色に染まってしまう広報誌に、心温まり、誰もが理解できる心の童話と昔話を掲載し、読者に優しさを届けて戴きました。

生前の菊地先生の活動は、八王子市内の小学校の教師を奉職しながら、若い頃は文学を志し、小説や児童文学の著書も多数あり、日本児童文学者協会、その後、日本民俗学会にも参加、禅宗の僧侶でもあり、また、忙しい中、八王子の昔話を語り伝えようとの趣旨で、髙尾山麓にあります髙尾山別院・不動院で「語り部の会」を開催して、多くの語り部の皆様を指導してきました。

今回、「語り部の会」の会員の皆様が、菊地先生の数ある本に書かれた八王子の昔話を抜粋して、新しく語り部になろうとする皆様に、そのまま語れるような本を作りたいというお話を聞きまして、私も賛同致した次第でございます。
御子様に昔話を語り聞かせていただくことで、自然、人間、動植物との係わりについて、心の大切さを知ることができますよう願っております。

平成二十八年六月吉祥日

目次

・表紙、本文イラスト＝一宮満里

とんとんむかし
語ろう！　八王子のむかし話

八王子の昔話には、語り始めがあります。

とんとんむかしで、始まります。

とんとんの意味ですが、遠い遠いという意味と、尊い尊いという意味があります。

里話ですと、むかしむかしのお話だよという思いを込めて、聞き手の顔を見ながら、ゆっくり語り始めてください。

寺社に伝わる説話のようなときは、これから始まるお話は、尊い、尊いお話だからしっかり聞いて下さいねというような思いを込めて、聞き手の様子を把握しながら話しはじめます。

とんとんという響きは、八王子らしい言葉です。むかしから桑都《そうと》と呼ばれ、機織りの盛んな土地でした。町中に機織りの音が、とんとん、とんからりと、響いていました。染料の匂いが漂っていました。とんとんにはそんな思いも込めてみてください。

さて、語り始めがあれば、語りじまいもあります。

お話が語り終わって、たいていの場合、とんとんむかしは　へえしまい、で終わります。

悲しいお話のときは、充分、間を取ってゆっくりと静かに声を出します。

反対に、勢いのある話や楽しいお話のときは、とんとんむかしは、へえしまいと、歯切れ良く、明るく締めます。


また、お話の内容によって、語りじまいも変えることがあります。

尊い話のときは、ありがたこっぷりこ、といったりします。

語り手が、工夫をして、お話を前面に出すことができますから、自主的に創作してみるのも面白いと思います。


さあ、この本の中から、あなたが語りたいお話が見つかりましたか。

楽しみながら、挑戦してみてください。

あなたの住んでいるところのお話を、あなたの語りで残してください。

できることなら、子どもたちに伝えてください。

キラキラした瞳で、お話に聞き入ってくれるはずです。

イボ取《と》りくらべ（弐分方《にぶかた》）

　とんとんむかし、法力和尚《ほうりきおしょう》と呼ばれる知弁《ちべん》さまは、弐分方村の円光院《えんこういん》のご住職《じゅうしょく》じゃった。たいへん法力が高いのに円光院は貧乏寺《びんぼうでら》で、毎日、みすぼらしい衣姿《ころもすがた》で、村々を托鉢《たくはつ》して廻られた。

　知弁さまの評判《ひょうばん》を聞き、法力自慢《じまん》の行者《ぎょうじゃ》たちが、法力くらべにやってきた。

　熊野坊《くまのぼう》と名乗る法師《ほうし》は、

「イボ取りの法や如何《いか》に」というと、自分のイボを、わきにいた村人に、くっつけてしまった。

　それを見た、知弁さまは、

「えい！　やっ」と、気合いをかけた。

　すると村の娘《むすめ》たちのイボが、みんな、熊野坊にくっついた。

　イボだらけになった熊野坊は、顔をかくし、すたこら逃《に》げ出した。

　村の衆《しゅう》が、しみじみと、

「こんなに法力が高いのだから、大寺院の住職に栄進《えいしん》されても、ふしぎはない」

と言ったら、知弁さまは、

「いやいや、大寺院に入り栄進などすれば、法力も消えましょうぞ」

と言って、にっこりされたそうじゃ。


　とんとんむかしは、へえしまい。

イボ取《と》り地蔵《じぞう》（寺田村《てらだむら》）

とんとんむかし、寺田村の松山寺《しょうざんじ》の近くに〝イボ取りさま〟といって、たいそうご利益《りやく》のある地蔵《じぞう》さまがおられたそうじゃ。

イボ取りの祈願《きがん》は、

「わしの、イボを取れ！」

と、厳《きび》しく叫《さけ》び、荒縄《あらなわ》でキリリッとしばりつける。そして、またも、

「イボを取らねば、この縄を、ほどいてやらん！」

と、厳しく命ずるのじゃが、乱暴《らんぼう》な祈願もあったものじゃ。

八王子宿に、年頃《としごろ》をむかえた娘《むすめ》がいた。鼻のわきにイボがあって、娘心には恥《は》ずかしい大きさじゃった。

娘は、イボ取りさまの話を聞いて、寺田村までやって来た。

さて……と、荒縄を握《にぎ》ったが、優《やさ》しいお顔の地蔵さまを、しばり上げる事ができなかった。

娘は、そのまま、あきらめて帰ったと……。家に戻《もど》ると、家の者たちが、

「よかった、よかった」

と、喜《よろこ》んでくれるので、急いで鏡《かがみ》を見た。うれしいことに、きれいな顔だったということじゃ。

とんとんむかしは、へえしまい。

御厄払《おんやくはら》い（八王子宿《はちおうじじゅく》・日野宿《ひののじゅく》）

とんとんむかし、正月ともなると、八王子宿や日野宿など、街道《かいどう》の宿場には、ものじゃ。
「御厄払《おんやくはら》いましょう！　厄払い」
と、言うてな、祭文語《さいもんがた》りがやってきたと。そうして、立て板に水のごとく、口上《こうじょう》を述《の》べていった
「ああら、芽出《めで》度《た》いナ、芽出度いナ。今晩《こんばん》、今宵《こよい》の御祝儀《ごしゅうぎ》に、芽出度きことで払いまショ。両国橋《りょうごくばし》から眺《なが》むれば、七福神《しちふくじん》の船遊び、中でもエビスという方は、命長柄《いのちながえ》の棹《さお》を持ち、雌《め》ぎすの糸をつけ、金と銀との針《はり》をたれ、釣《つ》りたる鯛《たい》が姫小鯛《ひめこだい》、かほど芽出度き折からに、いかなる悪神来《わるがみきた》るとも、この厄払いがシッ捕《とら》え、西の海とは思えども、シガシ（東）の沖《おき》へ、さあらり、さらり……」
とな。

さて……、日野本郷《ひのほんごう》の鎮守《ちんじゅ》の森には、この〝御厄払い〟の口上が、まっこと巧《たく》みな古狸《ふるだぬき》がおったそうじゃ。堂々《どうどう》たる恰幅《かっぷく》の祭文語りに化けて、大いに御祝儀を稼《かせ》いでおったということじゃ。じゃで、江戸から稼ぎにやってくる祭文語りもな、日野宿には、寄《よ》りつかんかったそうじゃ。

この古狸、日ノ宮にゆかりの者とか聞こえたがな、厄払いの効能《こうのう》もあったそうじゃぞ。

とんとんむかしは、めでたさどっさりこ。

キラリ芋《いも》づる　（下恩方《しもおんがた》）

とんとんむかし、下恩方村の松竹《まつたけ》に、跡《あと》もとどめぬほど荒《あ》れ果《は》てた廃寺《はいでら》があったそうじゃ。

この里の旧家《きゅうか》に、磯右衛門《いそえもん》というお方がおられた。その子で伊勢松《いせまつ》という若者が、山仕事の帰り、キラリと光る芋《いも》づるを見つけた。

「はて……、光る芋づるとは、あやしいぞ！」

伊勢松が、その芋づるをつたって掘《ほ》り下げると、カキーン、ガシッと、古壺《ふるつぼ》を掘《ほ》りあてた。

そして中から、山吹色《やまぶきいろ》の小判《こばん》が、ざくざく出てきた。

伊勢松が、父の磯右衛門に壺を見せると、

「これは、財宝《ざいほう》が、自分《じぶん》のありかを知らせるために、芋づるを光らせたのじゃろう」

と言った。この親子は、まことに、欲《よく》のないまじめな人じゃったので、

「廃寺の境内《けいだい》から出た財宝ならば、お寺を建《た》て直すお金とするのが一番よかろう」

と言って、住んでくださるお坊さまを招《まね》き、お寺を再建《さいけん》した。

この寺が、奥沢山随心寺《おくさわさんずいしんじ》で、阿弥陀《あみだ》さまを本尊《ほんぞん》とし、里人からも、厚《あつ》く信心《しんじん》されたそうじゃ。

とんとんむかしは、へえしまい。

子狸和尚《こだぬきおしょう》（別所《べっしょ》）

とんとんむかし、別所のお薬師様《やくしさま》の夏祭り《なつまつ》はな、七月十五日じゃったと。祭りの名物は甘酒《あまざけ》でな、うまい甘酒がどんどん売れたそうじゃ。

ちかごろは甘酒といえば冬場の飲み物じゃがな、昔《むかし》は暑気払《しょきばら》いとして、夏にも飲まれたそうじゃ。茂助《もすけ》さんも、上等の甘酒をしこんでな、まだ人影《ひとかげ》もない朝早くに、参道《さんどう》に店を張《は》ったと。

すると、朝もやの中を、あたふたと坊《ぼう》さまがやって来てな、茂助さんの店に立ち寄《よ》ると、

「やれやれ助かった。すまんが、水を一杯《いっぱい》、めぐんでおくれ」といったと。

「水といわず、甘酒を一杯、どうぞおあがりくだされ」と、茂助さんは甘酒を進上《しんじょう》したそうじゃ。

このようすを草陰《くさかげ》で見ておった子狸め、にっこりするとな、さっそく坊さまに化けたぞ。

そうしてな、茂助さんの店にやって来て、

「すまんが、水を一杯、めぐんでおくれ」といったと。

茂助さんは、〝はて、おかしいぞ〟と思ったそうじゃ。よくよく見ると、黒い衣《ころも》の裾《すそ》から、かわいらしい、尻尾《しっぽ》がのぞいておった。

〝ははあーん〟と気付いたんだがな、茂助さんはしらーん顔して、甘酒をふるまってやったということじゃ。

とんとんむかしは、うれしさどっさりこ。

十五夜《じゅうごや》の雲《くも》

とんとんむかし、お月見の晩《ばん》に出る雲《くも》を、十五夜のいじわる雲と呼《よ》んだそうじゃ。みんなで、名月をめでている時に、どこからか、もこもこっと、このいじわる雲が現《あらわ》れる。しかし、このいじわる雲も、なぜか、十三夜には現れないそうじゃ。

「十三夜には、曇《くも》りなし」ということじゃった。

ところで、十五夜には、団子《だんご》を十五個《こ》、十三夜には十三個あげるのがよく、果物《くだもの》などを供《そな》えるのも、この数が、縁起《えんぎ》よしとされた。

さて……、多摩《たま》の山の根には、お月見の晩に、かわいい盗《ぬす》っ人《と》があらわれた。

村のいたずらっ子が、仲間《なかま》としめし合わせ、竹竿《たけざお》の先に細工をし、供物《くもつ》の、団子や果物や菓子《かし》を頂戴《ちょうだい》した。

家の衆《しゅう》も承知《しょうち》していて、チビの盗っ人たちが、忍《しの》んできたのがわかると、

「おおや、十五夜の雲が、やってきたぞ」

と言って、家の中へひっこんだ。

月見の供物は、盗まれるほうが吉祥《きっしょう》で、幸運があるということじゃった。

とんとんむかしは、へえしまい。

堰守庄助《せきもりしょうすけ》（片倉《かたくら》）

とんとんむかし、片倉村を流れる湯殿川《ゆどのがわ》は時田《ときた》の辺《あた》りで、時田川となるが、ここに堰《せき》があって、庄助《しょうすけ》じいという堰守《せきもり》がおったそうじゃ。

庄助じいは、なかなかの大男で、力も強かった。若《わか》い頃《ころ》は、高幡不動尊《たかはたふどうそん》の奉納相撲《ほうのうずもう》に出て、三役になったということじゃ。

大男で、無愛想《ぶあいそう》じゃが、里の子供《こども》らには慕《した》われた。器用《きよう》に、竹とんぼなどこさえて、子どもらに、くれてやったりした。

庄助じいが、堰に落ちた幼《おさな》い娘《むすめ》を助けた事がある。娘の親が、礼にでかけると、

「こりゃ、おらの仕事のうちじゃ」

と言って、礼の品をがんとして受け取らんかったそうじゃ。

八十歳を迎《むか》えて死んだが……、夏の嵐《あらし》や、二百十日が荒《あ》れたりすると、死んだはずの庄助じいが、堰を守っているといわれた。

「おれも、見たぞ」

「たしかに、おれも見たぞ」

豪雨《ごうう》の中で、働《はたら》いておる庄助じいの影《かげ》を見たというもんが、何人も何人も、おったものじゃ。

とんとんむかしは、へえしまい。

天狗《てんぐ》かくし（高尾《たかお》）

とんとんむかし、高尾のお山の、山下の里でのことじゃ。里の子守っ子が、元気な男の赤ん坊《あかぼう》をあずかって、負ぶっておった。赤ん坊は、はじめのうち良い子でおったが、夕暮れ時《ゆうぐ》になって、火のつくように泣き出したものじゃ。どんなにあやしても、ちっとも泣き止まん。

子守っ子は、もうもうがまんがならなくなってな、思わず、

「そんなに泣くなら、高尾の天狗《てんぐ》どのに、つれてってもらうべ！」

と、叫んでしまったそうじゃ。すると、

「オーッ、呼《よ》ばったな！」

と、大きな影《かげ》が覆《おお》いかぶさってきた。そして、

「つれていくのは、どいつじゃい！」

と叫《さけ》んだ。子守っ子は、びっくりした。まさか、天狗どのが現《あらわ》れるとは思わんかった。

それで、とっさに、「あの犬じゃ、あれじゃ」と道ばたにいた野良犬《のらいぬ》を指した。

すると……、なんと、スーッと、天狗どのの大きな影が消え、同時に、野良犬の姿《すがた》も見えなくなったそうじゃ。

さても、夕暮れ刻《どき》には、〝天狗かくし〟にあうものじゃから、気を付けたが良いぞ。

とんとんむかしは、へえしまい。

天狗《てんぐ》つるし（高尾《たかお》）

とんとんむかし、天狗《てんぐ》どのは、生臭《なまぐさ》い物が大嫌《だいきら》いじゃった。もちろん高尾のお山は修行《しゅぎょう》の場だから、生臭は厳禁《げんきん》じゃが、天狗どのの生臭嫌いは、すさまじいかぎりじゃった。

ある時、御院殿《ごいんでん》の改修《かいしゅう》で、大工の職人衆《しょくにんしゅう》がお山に登ることになった。その中に布田《ふだ》の角助《かくすけ》という一刻者《いっこくもの》がおった。

「天狗がこわくて、イワシの丸焼《まるや》きが食えんでたまるか」

と、意気込《いきご》んででかけた。職人衆の一行が、お山の杉並木《すぎなみき》にさしかかったとき、突然《とつぜん》角助の姿《すがた》が見えなくなった。びっくりした仲間《なかま》が、大声で呼《よ》ばわったら、

「ほーい、助けてくれ！」

と、大杉のてっぺんで、おいおいと泣《な》いておる。

「あれは天狗つるしだ」

職人衆は、おろおろした。そんとき、棟梁《とうりょう》が叫《さけ》んだ。

「角助よ！　弁当《べんとう》を、トンビにくれてやれ」

角助は、すぐに、イワシの弁当をトンビにくれてやった。とたんに、ストーンと、角助は皆《みな》の中に落ちたそうな。幸《さいわ》い、どこもけがはなかったということじゃ。


とんとんむかしは、へえしまい。

七草《ななくさ》のうた

とんとんむかし、正月七日《なのか》には、春の七草を入れた七草粥《ななくさがゆ》を食べた。

春の七草は、ごぞんじ、セリ、ナズナ、ゴギョウ、ハコベラ、ホトケノザ、スズナ、スズシロでな、この粥を食べると、万病《まんびょう》を追い払《はら》い、邪鬼《じゃき》を除《のぞ》き、健康《けんこう》に暮《く》らせるといわれた。

粥をこしらえるのには、歳徳神《さいとくしん》の方（その年の大吉の方角）に向かい、まな板に七草をおき、とんとんと、包丁《ほうちょう》で叩《たた》き、

「唐土《とうど》の鳥と、日本の鳥と、渡《わた》らぬ先に、七草ナズナ手につみ入れて、コー、シ、トー、チョウ」

と、うたうのだそうじゃ。

コー、シ、トー、チョウというのは、二十八宿《にじゅうはっしゅく》の中の、それぞれの四つの星の名で、吉運《きちうん》を願《ねが》つた。

多摩《たま》の山の根では、ちょっと違《ちが》う歌い方もある。

「七草ナズナ、唐土の鳥が、日本の国に、渡らぬ前に、災《わざわ》い払《はら》い、幸《さいわ》い受けて、万福吉祥《まんぷくきっしょう》、千代《ちよ》八千代《やちよ》」

と、四十九回叩《たた》いた。とにかく、唐土の鳥は、凶事悪運《きょうじあくうん》をもたらすので、きらわれたものじゃ。

だれもが、七草粥をすすって、良い年を祈念《きねん》した。


とんとんむかしは、へえしまい。

猫《ねこ》の返《かえ》し戸《ど》（平町《たいらまち》）

とんとんむかし、平村《たいらむら》の熊野堂《くまのどう》山下に、又左衛門《またざえもん》と申《もう》される方がおられた。名主をつとめたことのある旧家《きゅうか》で、里の衆《しゅう》の人望《じんぼう》も厚《あつ》かった。

この又左衛門どのの家は主人をはじめ、子どもから使用人まで、まことに、猫好《ねこず》きだったそうじゃ。

〝猫屋敷《ねこやしき》〟とまでいわれたが、その中で、いまでも語り伝えられている有名な猫は、三毛の古猫じゃった。

たいそう利口《りこう》な猫で、お蚕《かいこ》の時期には、しっかりとネズミの番をし、夜は火の用心をして、残《のこ》り火などがあると家人に教え、盗人《ぬすっと》がうかがっていると、さわぎたてて知らせたそうじゃ。

「三毛は、返し戸をする」

といわれた。

ふつう賢《かしこ》い猫は、閉《し》まっている戸を、開《あ》けて出るという……。

しかし、この三毛は、その開けた戸を、また、きちんと、閉めていったというのである。

あまりの評判《ひょうばん》なので、お代官《だいかん》さままでが、見にきたそうじゃ。

三十数年もの長命《ちょうめい》で、死ぬまで利口だったということじゃ。

とんとんむかしは、へえしまい。

萩《はぎ》の箸《はし》（中山《なかやま》・片倉《かたくら》）

とんとんむかし、柚木領《ゆぎりょう》の中山村の白山権現《はくさんごんげん》さまのあたりには萩《はぎ》が茂《しげ》り、その枝《えだ》で箸《はし》を作って食べると、歯が痛《いた》くならんということじゃった。

片倉村の村はずれ、杉山峠《すぎやまとうげ》への登り口に、乙松《おとまつ》の茶店《ちゃみせ》というのがあった。乙松は百姓《ひゃくしょう》だが、野《の》良仕事《らしごと》のあいまをみては、女房《にょうぼう》が、きりもりしている茶店を、手伝っておった。

乙松がこしらえる、あんころ餅《もち》は、なかなかうまくて大評判《だいひょうばん》だったが、

「乙松の茶店のあんころ餅は、いくら食っても歯が痛くならん」

と言って、よろこばれた。その秘密《ひみつ》は、あんころ餅を食べるときに出る箸が、白山権現さまの萩の箸だというわけなのじゃ。

それを知った客たちが、

「この箸、もらっていくぜ」

と言うと、乙松は、少しもいやな顔を見せず、

「へいへい、いいですとも」

と、気さくに答えていた。その後、乙松の茶店のわきに、白山権現さまの小さな祠《ほこら》が建《た》てられ、萩も植えられたそうじゃ。

とんとんむかしは、へえしまい。

びんぼう寺《でら》 （下椚田《しもくぬぎた》）

とんとんむかし、下椚田の二軒在家《にけんざいけ》に恵眼寺《けいがんじ》という古寺があった。寺の和尚《おしょう》さんは、徳《とく》の高いお方じゃった。行《おこな》い正《ただ》しく無欲《むよく》だったので、里《さと》の人たちからも慕《した》われておった。

ある夜、この寺に盗人《ぬすっと》が忍《しの》び込《こ》んだ。寺の中をくまなく探《さが》したが、銭一文《ぜにいちもん》見つからなかった。舌打《したう》ちした盗人は、

「外見は、ちり一つなくりっぱだが、寺の中は銭一文なしのびんぼう寺とは……、こりゃあ、骨《ほね》折《お》り損《ぞん》をした」

と、なげいた。すると、申しわけなさそうに、和尚さんが起きてきた。

「骨を折らせて、まことにすまなかった。そのかわり、うまいつけものがあるから、茶づけでも食って行っておくれ」

そう言って、盗人に茶づけなどふるまったそうじゃ。盗人は、はじめたまげたが、あとは腰《こし》をすえて、ごちそうになったと。

帰りがけ、和尚さんは、

「寺のびんぼうは、だれにも内証《ないしょう》に願《ねが》いたい。村の衆《しゅう》に心配《しんぱい》かけたくないのでのう」

と、盗人にたのんだそうじゃ。

とんとんむかしは、へえしまい。

名月狸《めいげつだぬき》

とんとんむかし、山の根の村と村の間には、小さな峠《とうげ》があって、七曲《ななまが》りとか十二曲《じゅうにまが》りなどと呼《よ》ばれておったと。そして、いたずら狸《だぬき》が、よく出たもんじゃ。

まあまあ……狸は、狐《きつね》と違《ちが》って、どぎつい悪《わる》さをしないだけたわいもないもんじゃがな。晩方《ばんがた》、村の衆《しゅう》がちょっと一杯《いっぱい》ひっかけて、七曲りまでやってくると、おやおや、これは、たまげた。名月が二つも出ておるぞ。

こんな時はな、〝ははぁん、名月狸め！〟と、思えばよいんじゃ。

どちらかが、化けとるわけじゃが、偽物《にせもの》のお月さんでは、人の影《かげ》ができないんじゃと。

そこで、どういうふうに正体をばらすかというとな、

「あははは……」

と笑《わら》うんじゃ。

「化けたってわかるぞ、あははは。こっちが、偽物だ！」

と、わざと本物を指さすんじゃ。すると、化けた名月狸め、

「あははは、はずれた、はずれた、だまされた。おまえは、ばかだ」

と大よろこびするんじゃがな。それで、狸の正体は、ばれてしまうというわけじゃ。

とんとんむかしは、まっこと、おかしな、こっぷり。

赤《あか》まんま供養《くよう》（元八王子《もとはちおうじ》）

とんとんむかし、八王子のお城《しろ》が豊臣方《とよとみがた》の関東平定《かんとうへいてい》で、前田・上杉《うえすぎ》の大軍《たいぐん》に攻《せ》め落《お》とされたのが、六月二十三日のことじゃ。

わずか一日の戦《いくさ》じゃったが、それはそれは激《はげ》しい合戦《かっせん》で、敵味方《てきみかた》ともにおびただしい死傷者《ししょうしゃ》が出た。なかでも、城内《じょうない》にいた女、子どもが、落城《らくじょう》と共に次々と自害《じがい》して果《は》てたそうじゃが、むごたらしくも哀《あわ》れじゃったという。

お城の下を流れる城山川は、ふだんは清流《せいりゅう》なのじゃが、落城のあと三日三晩《みっかみばん》、流れる血で、真っ赤に染《そ》まったということじゃ。

やがて、城山川に清流がもどり、合戦のあいだ逃《に》げ散《ち》っていた里の衆《しゅう》も、我《わ》が家《や》に帰って来た。里の衆は、いままでどおり城山川で米をとぎ、飯《めし》を炊《た》いた……。

ところが、なんと！　炊きあがった飯は赤まんまなのじゃ。

「きれいな流れと思って米をといだが、赤まんまじゃ」

「こんな不思議《ふしぎ》が起こるとは、どうしたことじゃ」

なんどもなんども炊きなおしたが、やっぱり赤まんまじゃった。

里の衆は、顔を見合わせた。

「合戦で討《う》ち死《じ》にしたものたちの流した血の思いが、こもっておるのじゃろう」

「自害して果てた女、子どもの悲しみが、
込《こ》められておるのかもしれん」
そこで、里の衆は寄《よ》り合って、何日も何日も相談《そうだん》し、
「ならば、赤飯《せきはん》を炊いて供養《くよう》したらどうじゃろう」
ということになった。
「まさか、赤飯は祝《いわ》い事《ごと》なのに、それでは、逆《さか》さまだぞ」
と言って顔をしかめるものもおった。
でも、里の衆は、渋《しぶ》る何人かのものを納得《なっとく》させ、
赤飯を炊いて供養した。
すると、それからは城山川の水で飯を炊いても、
赤まんまにならなくなった。
いまでも里の衆は、六月二十三日になると、
赤まんま供養をしているそうじゃ。
しかもこの日に赤飯を頂《いただ》くと、
夏場の暑さに弱いもんも、丈夫《じょうぶ》で夏がこえられるそうじゃ。

とんとんむかしは、へえしまい。

あとかくしの雪《ゆき》

とんとんむかし、武州《ぶしゅう》は山の根の里に、それは、それは、信心《しんじん》の深い婆《ばあ》さまがおったそうな。

婆さまは、爺《じい》さまに先立《さきだ》たれ一人暮《ひとりぐ》らしじゃった。

本家から、粗末《そまつ》な小屋を借《か》りてのわび住いじゃったが、朝な夕なは、信心を欠《か》かさずに祈《いの》り、昼は本家の下働《したばたら》きをして、慎《つつ》ましく暮《く》らしておった。

ある年の暮《くれ》も近い日の夜更《よふ》け、婆さまが、家の中の灯《ひ》を落《お》とそうとした時、トントン……と、戸を叩《たた》く者がおる。

婆さまは、〝誰じゃろか、こんな夜更けに……〟そう思って、少し戸を開けて覗《のぞ》くと、みすぼらしい姿《すがた》の、旅の坊《ぼう》さまが、夜寒《よさむ》の露《つゆ》に濡《ぬ》れて、力なく、倒《たお》れそうに、立っておられた。

「あれまあ……、大丈夫《だいじょうぶ》ですかいのう。お疲《つか》れのご様子《ようす》で。さあさあ、むさくるしいところですが、どうぞ、お入りくだされ」

婆さまは、旅の坊さまを、抱《かか》えるようにして、家に入れると、一度、灰《はい》をかけた囲炉裏《いろり》の火に、薪《まき》をくべて、温《あたた》かくしたんじゃ。

「何もありませんが、体だけでも、温《ぬく》まって下さりませ」

「かたじけ……ない……」

旅の坊さまは、やっと、ことばを出したが、もう、疲れ果《は》ててしもうて、座《すわ》っておるのも、やっとというありさまじゃった。

「どこか、お悪いですかのう」

「いやいや、恥《は》ずかしいことじゃが、ここ、何日も、何も、食べておらんので……」

婆さまは、急いで、どびんから、茶碗《ちゃわん》に、白湯《さゆ》を注いで、差《さ》し出した。

「この辺《あた》りは、今年も凶作《きょうさく》でして、自分の飯《めし》も、僅《わず》かな粥《かゆ》を、すするのが、やっと、というありさまなので……、申《もう》し訳《わけ》ございませんがのう。白湯では、腹《はら》の足しにはならんのじゃが……」

しかし、坊さまはその白湯を、押《お》し頂《いただ》くようにして、すするように飲んでおられたんじゃ。

その様子を、じっと見とった婆さまは、見るに見かねて、はっと、思いついたんじゃ。

せめて、大根《でえこん》の一本でもあれば温ったけえ、大根やきでも、こせえてあげられるんじゃが。

婆さまは、本家の、小屋に積《つ》み上げた大根が、頭をよぎったんじゃが、

「いや、いかん、そりゃあいかん。……こりゃあ、盗みじゃあ」

婆さまの心は乱《みだ》れたが……、ついに、決心して、外へ出た。

寒月《かんげつ》の明かりが、あたりを照《て》らしておったが、身をちぎるような寒さじゃった。

婆さまは、泥《つちくれ》のついた、大根を一本抱えると、野道を帰ってきた。泥がこぼれ、本家の小屋から婆さまの家まで、点々と泥が落ち、婆さまの足跡《あしあと》もついてしまったが、婆さまは、夢中《むちゅう》じゃったから、そのことには、気づかんかった。

婆さまが、心をこめて作った大根焼《や》きを食べた坊さまは、

「ありがたい、ありがたい」
と、よろこんで、たちまちに、顔色もよみがえったと。
婆さまも、涙《なみだ》を流して、よろこんだそうじゃ。
その夜ふけ、山の根の里には、
しんしん、しんしん……と、雪がふった。
いつまでも、いつまでも、婆さまが、
落とした泥と足跡を、かき消すかのように……。
翌《あく》る朝、旅立たれた坊さまを見送ってから、
婆さまは、本家に行って、
「夕べは、よんどころなく、
大根を一本盗《ぬす》んでしまいました」
と、詫《わ》びたんじゃが、
「いいや、婆さま、何をいうだ。盗まれた様子は、なんにも
ないし、ばあさま、夢でも見たんじゃねえかや」
本家の主人は、笑《わら》って、相手にせんかったと。

とんとんむかしは、へえしまい。

あとつけぼっこ

とんとんむかし、寂《さび》しい夜道を歩いていると、ひたひたと、誰《だれ》かが、後を付けて来るような気がするじゃろう。怖《こわ》いので急ぎ足になると、ついてくる足音も急ぎ足になる。ゆっくり歩くと、ゆっくりついてくる。立ち止まると、足音もぴたっと止まる。

「誰だ！」

と言って、さっと振《ふ》り返《かえ》ってみても、そこには、だあれもいない。

実はな、これはあとつけぼっこという、子供のお化けなんじゃ。寂しい峠《とうげ》とか、裏山《うらやま》の竹藪《たけやぶ》なんぞに住んでおってな、姿《すがた》はなくて、影《かげ》のようじゃからな、捕《つか》まえられないんじゃ。とてもいたずらでな、昔《むかし》から、人を怖《こわ》がらせては、喜んどったと。

さて或《あ》る村のお寺に、たいへん賢《かしこ》い珍玄《ちんげん》さんという小僧《こぞう》さんがおってな、或る時、和尚《おしょう》さんのお使いで、峠を三つ越《こ》えた先の村へ出かけて行ったと。

峠を一つ、二つと越えてな、三つめの峠にさしかかると、日が暮《く》れてしまったんじゃ。

麓《ふもと》のお茶屋のおばあさんがな、

「なあ、小僧さん、今夜はうちに泊《とま》って行きなされ。この峠には、ひどくいたずら者の、あとつけぼっこがおってな、夜になると、どんなわるさをするかしれんでよ」

と、珍玄さんを呼《よ》び止めてくれた。

「有難《ありがと》う御座《ござ》います。でも大丈夫《だいじょうぶ》です。幸い三日月さまも出たので、暗闇《くらやみ》にはならないでしょう」

と、珍玄さんは峠を登って行った。

やがて、珍玄さんの後ろから、ひたひたという足音がつけて来た。

〝あとつけぼっこが現れたな〟と珍玄さんは思ったと。

珍玄さんが、たったたったっ、と急ぎ足になると、

あとつけぼっこもたったたったっ。

えばったようにゆっくりのっし、のっし、のっしと歩けば、

のっし、のっし、のっしとついてくる。

〝たったたっ〟〝たったたっ〟

〝のっし、のっし、のっし〟〝のっし、のっし、のっし〟

〝このままでは、いつまでたってもきりがないなあ。

一工夫しなければだめだぞ〟

と珍玄さんは考えたと。

珍玄さんはな、何気ない様子で、

すたすたと歩いて行って、ちょうど道の曲がり角で、

「お先に、どうぞ」

と言うと、さっと道をあけた。

「はい、ありがとう」

と、あとつけぼっこは、思わず珍玄さんの前に出てしまった。

〝しめた！〟

と珍玄さんは、今度はあとつけぼっこの足音の後から付いて行ったたと。

あとつけぼっこは、何だかいやいや歩いているようなようすだ。

寂しい峠道を、三日月さまの青白い光が、気味《きみ》悪く照《て》らし、どこからか、生温かな風も吹いて来た。遠くのお寺の鐘《かね》が、陰《いん》にこもってゴーンと鳴った。

と、その時、

「わーっ、こわいよー」

と叫ぶと、あとつけぼっこの足音が、一目散《いちもくさん》に逃《に》げ出して行った。

「ははは……、あとつけぼっこも後をつけられて、怖くなってしまったんだ」

珍玄さんは大笑《おおわら》いしたと。

それからは、この峠には、あとつけぼっこが出なくなったということじゃ。

もし、おまえさんも、あとつけぼっこに後を付けられたら、

「お先に、どうぞ」

と、言いなされ。


寂しい夜道をとんとん歩いて、とんとんむかしは、へえしまい。

石《いし》芋《いも》（川口川《かわぐちがわ》・大栗川《おおくりがわ》）

とんとんむかし、武州《ぶしゅう》はな、山の根の里に、そりゃあ、ものすげえ、ケチな婆《ばあ》さまがおったそうじゃ。

どんぐれえケチかっちゅうとよ、人にくれるとなりゃあ大根《でえこん》の毛《けえ》も、線香《せんこ》の灰《へえ》も、わらくず一本だってもよ、くれんほどじゃったと。

反対《はんてえ》によ、もらうとなりゃあ、大根の毛も、線香の灰も、わらくず一本だってもよ、ひったくるほどに欲《ほ》しい欲しいと、あばったそうじゃ。

その婆さまがな、或《あ》る時、晩飯《ばんめし》に喰《く》おうと思うてな、背戸《せど》の小川で、芋洗《いもあら》っとったと。とってもできのよい旨《うま》そうな芋じゃったと。

そんときよ、みすぼらしい旅の坊《ぼう》さまがな、小川の橋を渡《わた》ってこられてよ、婆さまに声をかけたそうじゃ。

「婆さまよ、たんと旨そうな芋が獲《と》れて、よかったのう」

婆さまはな、旅の坊さまをちょっと見て、苦い顔をしたそうじゃ。

〝こりゃあ、油断《ゆだん》なんねえぞ。旅の乞食《こじき》ぼうずめ、旨そうな芋だなんぞといって、あとで、布施《ふせ》にくれろっちゅうにちげえねえべ、一つだって、だれがくれてやるもんか〟

と、ケチ根性《こんじょう》をむき出しにして思ったと。

婆さまはな、橋の上の坊さまにむかって、

「坊さまようっ、長《なげ》え旅で疲《つか》れたかや……、だいぶ年とったで、目も遠くなっただかや……、おらが洗っとんのは、こりゃあ、芋じゃねえ、石じゃ、石じゃ、へへへへ、石じゃ」

と、言ってへらへらと笑《わら》ったそうじゃ。

坊さまはな、婆さまの言葉を聞くと、ふうっと悲しいお顔をなさってなあ、

「あれよお、旨そうな芋かと思ったけや、なんと、石かや、石かや、石かや、……」

と、言われ、まことに心寂《さび》しげに立ち去って行かれたそうじゃ。

「しめしめ、うまく乞食ぼうずめ追っぱらったぞ、これで旨い芋が一人で全部喰える」

と、婆さまは、にんまりしたと。

さて、その晩方《ばんがた》。婆さまは、囲炉裏《いろり》でごとごと芋を煮《に》たと。じっくりじっくりじっくり煮たそうじゃ。鍋《なべ》からは、旨そうな匂《にお》いがほっくり、ほっくりしてな、婆さまの鼻をくすぐったと。旨そうに、旨そうにくすぐったと。

「上等《じょうとう》、上等。鼻もかゆくなるし、腹《はら》の虫も鳴っとる。では、喰おうかい」

婆さまは、箸《はし》を持つとな、芋を取ろうとしたんだがな、芋が動かんと。こんどは、芋を箸で突《つ》いたと。すると、ガキガキガキーンと芋は突っとらんかったと。

「こりゃあどうじゃあ」

あわてた婆さまは、何度も何度も、芋を突いたがな、どうしても突っとらん。芋は全部石に

なっとったと。

「ヒヤーッ、匂いは旨そうなのに、芋がみんな石になっとる。こりゃあどうじゃ……」

驚いた婆さまは、ついには泣きだしたと。

「ああーん、みーんな石じゃ、喰えん、どおすべえー、ああーん、芋喰いてえよー、ああーん喰いてえよー、ああーん、喰えねえよー、やだよー、ああーん」

芋が喰えんで、童子《わらし》のように泣くうちに、婆さまははじめて目がさめたそうじゃ。

「あっ、昼間の旅の乞食ぼうず、いや、あの坊さまは、かねて聞く、弘法《こうぼう》さまちゅう、えれえ、尊《とお》いお方にちげえねえべ。

おらあ、弘法さまに、うそこいた、芋を石だと、うそこいた。

そんでもって、芋が石になっちまっただ」

気付いた婆さまは、急いで家を飛び出すと、旅の坊さまが立ち去られた方に向かって、一心に叫《さけ》んだそうじゃ。

「弘法さまよーい。おらあうそこいただよーっ。芋を石じゃと、うそこいた。どうぞ、どうぞ、ゆるしてくだされやーい」

と、言ってあやまったと。

あんでもよ……、婆さまが、人にあやまったのなんか、これが生まれて、はじめてじゃったと。

「弘法さまよーい。おらんことどうぞかんべんしてくだされやーっ。おねがいもうしますーっ」

と、手合わせて祈ったそうじゃ。

あんでもよ……、婆さまが、手合わせたのも、また、生まれてはじめてじゃったと。

婆さまはな、すごすご家に戻ってよ、へたりーっと囲炉裏端《ばた》に座《すわ》ったけんど、まだ、鍋からは、旨そうな匂いがしてよ、婆さまの鼻をくすぐったと。

「喰いてえなあ……、喰えねえかなあ……喰いてえなあ……、喰えねえかなあ……」

なんともあきらめきれん婆さまはなあ、また、箸持って、そろーり、そろっと、芋を突いてみたと。するとよ……、ほっくりと芋に箸が突っ通ったと。

「喰える、うれしや」

婆さまは、大喜びして、ほくほく喰ったそうじゃ。

「ありがたや、ありがたや……」

と、涙《なみだ》こきながら喰ったそうじゃ。

あんでもよ……、婆さまが、ありがたや……って涙流したのはなあ、これが生まれてはじめてじゃったと。

とんとんむかしは、へえしまい。

石田《いしだ》のはやと（日野《ひの》）

とんとんむかし、日野宿の石田にな、はやとさまっちゅうなかなかな名医がおったぞ。はやとさまはな、小田原の北条《ほうじょう》のお殿《との》さまの脈《みゃく》をとられたほどのお人じゃった。お弟子衆《でししゅう》も大勢《おおぜい》おって、石田領《りょう》を拝領《はいりょう》して、そこでお医者さまの仕事をしていたと。

このはやとさまがな、あるとき、石崎村《いしざきむら》に用あって出かけていった帰り、川の柴橋《しばはし》までくると、〝あぎっ〟と足首をにぎられたと。足首にぎられてな、前へいけんと、はやとさまはな、はてなと思ったれば……納得《なっとく》したと。

〝さては、これはかねてきく多摩川《たまがわ》の河童《かっぱ》め、わしを川にひきずりこもうとしているな、ならばゆだんならんぞ〟

と思ったきゃ、足首にぎられてよ、くくっとひっぱられたときにな、逆《ぎゃく》に、

「えい、やあーっ」

てな、にぎられた足をぶんぬいたんだと。そうしたら、ポキッという音がしてな、ポチャンという音がしたと。

このポキッという音はな、河童の腕《うで》がひんぬけた音なんだと、そんでもってな、ポチャンという音はな、河童が水に落ちた音なんだと。

よくよく見たればな、足首のところに、かれ枝みてえなもんがくっついておったと。はずして

みたればな、まっこと河童の腕だったと。

はやとさまはな、

「これは、なかなかなものを手に入れたぞ、家の宝《たから》だ」

と言ってな、これを持って帰ったれば、お弟子衆や家のもん、みんなに見せて自慢《じまん》こいたぞ。

「わしは、河童をたいじした。みろ！　この腕が、たいじした証《あか》しじゃ、見ろ、見ろ、良く見ろ」

と言ってな、みんなに自慢こいて、その晩《ばん》はな、その腕を床の間にまで飾《かざ》ってな、そんでもっておやすみになったと。

その晩よ、

「もうし、もうし」

と言う声が聞こえたと。あんともなさけねえ声で、

「もうし、もうし」

と聞こえると。目さましたはやとさまが見たれば、枕元《まくらもと》にな、みょうちきりんなやつがよ、片腕ついて、

「もうし、もうし」

としきりにあやまっておると。

「なにもの」

と聞いたれば、

「わたしは、きょう、いたずらこいて、片腕なくした河童でござりまする。どうぞ、その床の間の片腕、けえしてくださりませ」

と、言ってな、しきりにあやまるんだとよ。

それ見てな、はやとさまな、しみじみかええそうになってな、

〝じゃ、けえしてやるべえかな〟

と思ったと。

はやとさまはな、心やさしくてよ、勇気《ゆうき》あるつえぇお侍《さむらい》だっきゃ、
でもそん時な、ふっと、お医者さまだべ、気づいたと。

「けえしてやらんことはねえが、けえしたとてどうするかや、ぬけてしまった手、どうするかや」

するとな河童のやつがな、しみじみと答えたと、

「わたしども河童には、河童秘伝《ひでん》の妙薬《みょうやく》がございまして、その腕けえしていただければ、自分でぴったり接骨《せっこつ》いたしまする。骨《ほね》つぎの妙薬でしてな」

と、いうことなんだとよ。

するど、はやとさまもお医者さまだからな、

「ならばかえす、そのかわりわしも医者ならば、目の前でそれをしてみい」

するとな、軟膏《なんこう》とり出してな、河童大喜《おおよろこ》びしてな、自分の腕をば、コキッとはめたっきゃ、くりくりと薬なびってよ、

「はいっ、このとおり」

って、大喜びしたと。はやとさまもな、大喜びしてな、

「わしも医者なれば、その薬教えてくれろ」

と言ってな、河童秘伝の妙薬の製法《せいほう》を伝授《でんじゅ》してもらったと。

さてね、甲州街道では、旅ゆく人たちに、いろんなみやげものがあるぞ。

ところが、それから後はな、日野宿の石田の骨つぎの妙薬ちゅう、これが有名になってな、江戸にまでひびいてな。甲州街道では、日野宿で骨つぎの妙薬買っていかねば、みやげにならんということになったそうじゃ。

ところがな、その妙薬、高かったぞ、六十四文《もん》もしたと、あんでそんなに高かったかというとな、カッパ、六十四、なんだと。


とんとんむかしは、へえしまい。

大法螺《おおぼら》くらべ

とんとんむかし、八王子の在《ざい》に〝もんじゃの吉《きち》〟と呼《よ》ばれる、たいそう賢《かしこ》い若衆《わかしゅう》がおったそうじゃ。生まれた時にいただいた名前は吉五というんじゃが、どんなにむずかしい問題も、やっかいな事件《じけん》も、さらりと解《と》いてしまい、

「どんな、もんじゃ」

と言って、にっこりした。そこで、まわりの衆は、どんなを取っちまって、もんじゃ、もんじゃ、もんじゃの吉と呼ばったわけじゃ。

ある年のこと、江戸の浅草《あさくさ》で、全国から頓智《とんち》もんが集まって、大法螺《おおぼら》くらべがひらかれることになったと。もんじゃの吉は、

「ばかばかしい」

といって、行く気はなかったんじゃがな、お代官《だいかん》やら名主どのが、

「大法螺くらべに勝てば、米千石《せんごく》がもらえるというぞ。もんじゃの吉なら、一位優勝《ゆうしょう》間違いなしじゃ。千石の米がもらえれば、多摩郡《たまごおり》の村々の衆が大いに助かる。郷土《きょうど》のためにも、出かけてくれろ」

と、しきりに頼《たの》み込《こ》むので、しぶしぶ出かけて行ったそうじゃ。

さて……、江戸、浅草の大法螺くらべは、なかなか豪勢《ごうせい》で、諸国《しょこく》から、それぞれ自慢《じまん》の大口たたきが集まっておった。

九州の豊後《ぶんご》から来た大男の法螺《ほら》吹《ふ》きは、奥州《おうしゅう》の磐城《いわき》から来た小男の法螺吹きを見て、

「なんと、磐城のお人は、こげん小さか。わしらの国の、豊後のおたまじゃくしより、小そうござるけん」

と、きりきりとやっつけた。すると磐城の小男が、

「いやいや、なんのなんの、豊後のお人は、自分では大男と思っておるようじゃが、おらほうの、磐城のおたまじゃくしの糞《ふん》よりちっけえど。ほだっぺ」

と、言って、やり返した。行司《ぎょうじ》がわって入り、この勝負は、磐城から来た小男の法螺吹きの勝ちとなった。また佐渡《さど》から来た法螺吹きは、

「わしらんとこの佐渡にゃあなあ、なんせぇ、黄金《おうごん》が沢山《たくさん》採《と》れるもんしのう、牛までが、うまそうに黄金食っとるっちゃ」

と大自慢した。すると、淡路《あわじ》の島から来た法螺吹きが、すぐに受けて立って、

「わしらの国の淡路には、橘《たちばな》が実ると黄金になって、国が埋《う》まってしまうほどじゃ」

と、大口をたたいて自慢した。そこへ行司がわって入った。

「国が埋まっては、お国自慢にならん。淡路の島は、その内に沈んでしまうだろう」

と、言って、淡路から来た法螺吹きをしりぞけてしまった。

このように大法螺くらべが続いて、勝ち残《のこ》った大口たたきたちの、いよいよ終盤戦《しゅうばんせん》となった。

行司が大声で叫《さけ》んだ。

「これより大詰《おおづめ》にてござる。最後《さいご》の試合は、お国自慢の長生きくらべ――」

するとまず、白髪頭《しらがあたま》の爺《じい》さまが、

「わしらの国の駿河《するが》にはなあ、鶴亀《つるかめ》合わせた長寿《ちょうじゅ》の爺がおるぞ」

と、得意《とくい》げに言った。たちまち受けた若い者が、

「金毘羅《こんぴら》舟舟追風《おいて》に帆掛《ほか》けてシュラシュシュシュの金毘羅さんのお膝元《ひざもと》、わしらの国の讃岐《さぬき》にゃあ、鶴亀合わせた爺を生んだ、婆《ばあ》がおーる」

と、言って、駿河の法螺吹きをやっつけた。

ところが今まで勝ちっぱなしで、一位優勝が目の前という自信満々の法螺吹きが、

「わてらの国の近江《おうみ》には、琵琶湖《びわこ》が出来た時に生まれはって、今も元気にしておます爺さまがおられるで」

と、大口をたたいた。これには、誰《だれ》も応じられないでいた。すると、ひょこっと、もんじゃの吉が前に出た。

「それはそれは、めでたいかぎり。しかし、わしらの国の武州《ぶしゅう》にも、負けん位に大長寿の婆がおるんだがな、残念ながら、いつ生まれたのかわからん」

「わからんでは、勝負にならんではないか!」

と、行司がとがめてもんじゃの吉を叱りつけた。でも、もんじゃの吉がにやにやしているので、

「わからんではなく、なんとか、わからんか?」

と、妙《みょう》なたずねかたをした。

「はいはい、なんでも、富士《ふじ》のお山がまだ小さくて、ひょいとまたげるほど、かわいらしい頃《ころ》に生まれたそうです。婆のいうのには、あんまり富士山が小さくてかわいそうだから、あっち、こっちの土を運んできて、積《つ》み上げてやったそうです。十和田《とわだ》を掘《ほ》るやら、猪苗代《いなわしろ》の土を持ってくるやら、諏訪《すわ》から運ぶやら、瀬戸《せと》や有明《ありあけ》からも持ってきたそうです。そして、なんでも、一番最後に運んだのが琵琶の平からで、その跡が琵琶湖になったとか……」

「あいわかったぞ」行司は大声で言うと、

「本日の大法螺くらべの、一位優勝は、武州の法螺吹きもんじゃの吉ー」と、呼ばったそうじゃ。

さてそれから気になることがあるなあ。一位優勝のごほうび〝米千石〟はどうなったかじゃ。

なにしろ、米四斗《と》が米俵一俵《こめだわらいっぴょう》だんべ。一石が二俵半じゃからな、千石というと二千五百俵になるんじゃ。だが、いやはやこれも大法螺で、なんとご褒美は、たったの種もみ一俵だったということじゃった。がっかりしたのは、お代官や名主どので、もんじゃの吉には、最初から見当が付いていたようでな、この種もみ一俵を、御蔭田《おかげだ》に進上したそうじゃ。おかげで道中で路銀《ろぎん》を失《うしな》ったり、暮《く》らしに困《こま》っておる人たちの、助けになったと。

「種もみ一俵あれば千石にも、一万石にもなろう。おかげさま、おかげさま……、法螺の始末はこんなもの」と言って、もんじゃの吉は、にっこりしたそうじゃ。

とんとんむかしは、ちょっぴり栄えて、ひとくぎり。

おたふく面《めん》

とんとんむかし、武州《ぶしゅう》は多摩郡《たまごおり》の山の根の村に、ある年悪い病気《びょうき》が流行《はや》ったことがあった。村の年寄《としよ》りや幼《おさな》い子が、バタバタ倒《たお》れていった。そんな中に、夫《おっと》と幼い子供《こども》たちを、いっぺんに亡《な》くしてしまった嫁《よめ》さんがいたと。子供たちの面倒《めんどう》をよく見て、働《はたら》き者で、信心《しんじん》の厚《あつ》い、明るい嫁さんじゃったが、深くて重い悲しみを負《お》わされてしまったんじゃ。

暫《しばら》くして疫病《えきびょう》は治まったのだが、嫁さんはあまりの悲しみのため、魂《たましい》も萎《な》えて気がおかしくなってしまったんだと。

村のもんは、

「誰《だれ》も嫁さんを助ける事が、出来なくなっちまった……」

「本当に、哀《あわ》れな事じゃ……」

と、気の毒に思い、ささやき合っていたが、自分たちの無力を、ただただ知るばかりじゃった。ほどなくして、どうしたことか、村の家々の鶏《にわとり》や牛や馬が喰《く》い殺《ころ》される事件《じけん》が、つぎつぎと起《お》こってな。

「はて……なにものの仕業《しわざ》か」

と、人々は不安になって、いぶかった。

そして、禍《わざわい》がこれ以上広がらない様にと、悪さをした人を探《さが》し始めたんじゃ。

村のもんは、手分けをして、総出《そうで》で、探し回った。

嫁さんの家にも立ち寄ったんじゃ。そこで見たのは、思いもよらない出来事じゃった。

それはな……、嫁さんの家の背戸《せど》の茂《しげ》みで、嫁さんが、なんと、鶏をくわえていたんじゃ。

振《ふ》り向いた嫁さんの顔は、恐《おそ》ろしい鬼《おに》の形相《ぎょうそう》であったと。

「あっ！　嫁さんが鬼になった……」

と、村のもんは、恐怖《きょうふ》に足がすくみ、一歩も前に進めんかった。

鬼女《きじょ》になった嫁さんは、村のもんに気づくと、恐ろしげに笑い、

「けけけけ、ぎゃおーっ!!」

と、獣《けもの》のような叫《さけ》び声を残《のこ》して、裏山《うらやま》に逃《に》げ込《こ》んだのじゃ。暫《しばら》く正気《しょうき》を失っていた村のもんは、はっとして、すぐ、勇気を出して追いかけたが、見失《みうしな》ってしまった。

後で、嫁さんのうちの背戸の茂みを調べると、鶏の羽やら、犬、牛、馬の骨が見つかったそうじゃ。鬼女になった嫁さんは、裏山から日の当たらん深い谷、忍沢《にんさわ》に隠《かく》れたんじゃ。鬼女が忍沢の奥深く入り込んでからは、村には被害《ひがい》がなくなった。

しかし、この忍沢は、隣《となり》の滝《たき》の里へ行く道筋《みちすじ》じゃったから、今度は旅人《たびびと》が襲《おそ》われるようになったんじゃ。

「旅の薬売《くすりう》りが食い殺された……」

「谷奥深く入り込んだお侍《さむらい》が、三人も戻《もど》ってこんらしい……」

等々《などなど》の被害が出始めたんじゃ。

村のもんは、旅人の難渋《なんじゅう》を見かねて、忍沢の入口に、

〝この谷奥深く、鬼女が出るので谷には入らないように……〟

と、注意の立て札をたてた。

遠回りだが、新しい道を開いたりして、安全に通れるようにしたんで、被害も少なくなっていった。

ある日のことじゃ。旅のお坊《ぼう》さまが村を通りかかってな。滝の里に行こうとするので、村のもんは、忍沢には入らんように言ったんじゃ。しかし、お坊さまは、谷の入口の立て札を見たのに、忍沢の谷奥深く入って行こうとするのじゃ。驚《おどろ》いた村のもんが、

「お坊さま。立て札が読めねえ訳《わけ》ではないじゃろうが、悪いこっちゃいわねえ、本当に、鬼女が出るから、谷道は通らん方がいい、通らん方がいい」

と、注意したんじゃ。すると、お坊さまは、

「ご親切《しんせつ》な心遣《こころづか》い感謝《かんしゃ》申す。けれど、鬼女が現《あらわ》れ、人々が難渋していると聞いたからには、わたしはこの道をまいります」

と、言い残すと、すたすたと、谷奥深く入り込んでいったんじゃ。お坊さまの大胆《だいたん》さには驚いたが、村の衆《しゅう》は心配なんで、四、五人で、お坊さまの後をつけていった。

果《は》たして、忍沢の谷奥深く来ると、不気味《ぶきみ》な風が吹《ふ》き出し鬼女が現れた。

「坊主奴《ぼうずめ》！　取って食うてやる！」

と、襲いかかってきた。村の衆がはっと息《いき》をのんだとき、お坊さまはさっと衣《ころも》の袖《そで》をひるがえし、

「これをうけよ！」

と、叫んで、おたふくの面を投げつけた。面は、一閃《せん》の光となって飛《と》び、ぴたりと鬼女の顔に貼《は》り付いてしまった。驚いた鬼女は、おたふくの面をひっぱったりたたいたり頭を振ったりしたが、お面はぴたりと貼り付いたまま取れんかったという。おたふくの面が貼り付いた鬼女は、だんだんと鬼女の心を失い、素直《すなお》な昔《むかし》の嫁さんに戻《もど》っていったそうじゃ。

村のもんは、忍沢の谷奥深くから、嫁さんを村につれてけえってなあ。

村の人たちに引き取られた嫁さんは、子守やら雀追《すずめ》いやら留守番《るすばん》などして、少しの手間賃《てまちん》を頂《いただ》いて日々の暮《く》らしをしたそうじゃ。

数年後、また、旅のお坊さまが村を通られてな。

そん時嫁さんは、村の子どもやあかごの面倒を見とったと。

お坊さまを見つけた嫁さんは、お坊さまに向かい深々と頭を下げ、手をあわせたそうじゃ。

お坊さまも、嫁さんに向かって合掌《がっしょう》されたんだと。

ほしたら、不思議《ふしぎ》じゃ。はらり……と、嫁さんの顔から、おたふくの面が落ちたそうじゃ。そうしてな。現れた顔は、おたふくの面とおんなじ、ふくよかで優しげな昔の嫁さんの顔じゃったと。

とんとんむかしは、へえしまい。

おちゃめ地蔵《じぞう》（泉町《いずみちょう》）

とんとんむかし、下壱分方村四谷《しもいちぶかたむらよつや》、そうそう、今の泉町というところに、相即寺《そうそくじ》というお寺があってな、そこには、立派《りっぱ》な地蔵堂《じぞうどう》があると。

お堂《どう》の中には、たくさんの地蔵さまが祀《まつ》られておるんじゃと。そのお堂の中の地蔵さまによ、おちゃめな地蔵さまがおってな、お参《まい》りに来る人がよ、

「こりゃあ、てえへん大勢《おおぜい》の地蔵さまがおるぞ。どのくらいおるかよ」

つってな、右の方からな、一体、二体、三体、四体つってな、かぞえていったと。そんでよ、左の端《はし》までかぞえ切ってみるとよ、なんと三百六十三。はてよと思ってな、そんじゃあ、試《ため》しに、今度は反対に左の方からかぞえてみんべえつってな、ひい、ふう、みい、よう、つってかぞえてみたと。ほんで、右の端までいったところがよ、三百六十一なんだと。

「あれよう、一体一体が、でっこみひっこみあって、なかなか数があわんぞ。もうひとつ、念入《ねんい》りにかぞえべえ」

つってな、また、右からかぞえよ、また左からかぞえよ、もう、何度かぞえても数がぴったりあわんかったと。

あわんあわんっておったればなあ、地蔵さまのひとりが、

「ふふふ」

って笑《わら》ったって。

地蔵さまがな、あっちいっちゃ、「ふふふ」、
こっち来ちゃ、「ふふふ」ってな……。

おひとりよ、おちゃめな地蔵さまがな、しっかり、しっかりかぞえべえとするたんびにな、
ちょろり、ちょろちょろってよ、もう、いたずらこいて、右に行き、左に行きしてな、ちっとも
正しくかぞえさせねえんだと。

あんで、そんないたずらしたかってや。ほんとはなあ、あのお地蔵さまたちはよお、八王子の
お城《しろ》の合戦《かっせん》の時にな、亡《な》くなった方たちの御霊《みたま》、しずめたお地蔵さまなんだと。

ほうれ、悲しみあるべ。ところがな、

「悲しんでばかりおっちゃいかんぞ、ふふふ」

ってな、

「笑顔みせや」

って、おちゃめ地蔵さまがよ、おちゃめこいてたと。


とんとんむかしは、へえしまい。

お手《て》の観音《かんのん》（大塚《おおつか》）

とんとんむかし、八王子は大塚、清鏡寺《せいきょうじ》の裏山《うらやま》に塩が採《と》れた山があったそうじゃ。ここは塩釜谷戸《しおがまやと》といい、村ん衆《しゅう》は守り神として、ダイロク天神さまを祀《まつ》っておったと。清鏡寺の和尚《おしょう》さまも代々、塩をあげて、いつまでも塩が採《と》れるように、お願《ねが》いしていたそうじゃ。何代目かの和尚さまの時、天神さまのお参《まい》りの帰り道、一本の木で出来た手を拾《ひろ》ったと。なんだかわからんが、寺に持って帰ったそうじゃ。

そして、棚《たな》に納《おさ》めて寝《ね》たところ、夢《ゆめ》にダイロク天神さまがあらわれ、

「この手は何の手だか判《わか》るか」

と問いかけた。

「カッパの手、いや、子供《こども》の手か」

と和尚さまが答えると、

「お前は修行《しゅぎょう》がたらん、この手は観音《かんのん》の手である。この観音の手を元に観音の身体《からだ》を作れ、さすれば、大きな御利益《ごりやく》があるぞよ」

と、お告《つ》げをしたそうじゃ。

和尚さまは喜んで、その手を持って、どんどん厚木街道《あつぎかいどう》を南へ、鎌倉《かまくら》をめざして行ったと。

すると、よれよれの衣《ころも》を着た老人がやって来て、

「お前は手を一本持って、仏像《ぶつぞう》を作ってもらおうとしているところじゃな」

と言いあて、

「わしは彫《ほ》り物師だ、それを預《あず》かる」

と言った。

「じゃが、いつできるかわからん。

できた時に持って行くからな」

と言って、手を持って行ってしまった。

やがて卯年《うどし》卯月卯の日卯の刻《こく》に観音像が出来あがったと。

ボロ布に包んで持ってこられた。

それは、それは、みごとな出来ばえじゃった。

後に、鎌倉の湛慶《たんけい》作じゃとわかったそうじゃ。

それがお手の観音と呼ばれる、千手観音菩薩《せんじゅかんのんぼさつ》さまなのじゃ。

村の娘《むすめ》たちは、織物《おりもの》や縫物《ぬいもの》が上手《じょうず》になるようにと、この観音さまに願掛《がんか》けしたそうじゃ。

今では、わらじや、ぞうりが奉納《ほうのう》され、

「足腰《あしこし》がいつまでも丈夫《じょうぶ》でありますように」

といった願いが書かれてあるということじゃ。

とんとんむかしは、へえしまい。

鬼《おに》は内《うち》

とんとんむかし、八王子宿のはずれに伝平《でんぺい》というひとりものが住んでおった。

この男、気はいいものの大変な博打《ばくちず》好きじゃった。

ところが伝平は人がいいもんだから、博打にはいつも負けてばっかり。

それでも、負けても負けても好きな博打がやめられず、やがてずいぶんなへそまがりになっちまって、

「丁《ちょう》と言えば半《はん》になるし、半と言えば丁になるんだから、これからはいつもわざと反対のことを言ってると運がまわってくるんじゃねえか」

なんて、なんでもかんでも人と反対のことを言ったりしたりするようになり、近所の人にもあきれられるようになっちまったそうじゃ。

ある年の節分《せつぶん》の夜のこと、伝平が豆《まめ》まきをしようと入り口の戸を開けると、

「鬼《おに》は外、福《ふく》は内」

と豆まきの声があっちからもこっちからも聞こえてきた。

すると伝平のへそ曲がりの虫がむくむくと動いて、

「どこのうちからも追い出されるなんて、いくら鬼でもかわいそうだ。そうだ、一軒《いっけん》ぐらいは鬼を入れてやってもいいかもしんねえな。うちは鬼は内って豆まくか」

そこで伝平は、

「鬼は内、鬼は内」

と大きな声で豆まきを始めた。

するとちょうどその時、伝平の家のあたりに一匹の鬼が迷《まよ》い込《こ》んできた。

この鬼、あっちこっちで豆をぶっつけられて逃《に》げるうち、逃げ場がなくて困《こま》っていたところじゃった。鬼は伝平の声を聞くと、これ幸《さいわ》いとばかりに伝平の家に逃げ込んで来た。

「ありがたい、助かった」

鬼は涙《なみだ》を流してよろこんだ。

「こりゃあ、たまげた。ほんとに鬼が入ってきやがった」

へそまがりで鬼は内なんて言ってた伝平はおったまげた。すると鬼は、

「ありがとうございます。おかげで助かりました。もうあっちこっちで豆を投げられ、逃げるうち、あっちこっちけがまでしてしまい、あいたたたっ。鬼は内の声が聞こえましたんで、ありがてえっと、もう夢中《むちゅう》で逃げ込んでまいりました。ありがとうございます」

見れば素直《すなお》そうな鬼なので、

「大丈夫かい。すごいこぶじゃねえか。あざだらけで、血《ち》まで出てるよ。足だってひきずって、怪我《けが》してんじゃねえか。いいか、今夜はまた外へ出ると豆を当てられるから、でねえほうがいい。家にいろよ。そうだ、傷《きず》が治るまでいりゃあいいよ。よかったら春までゆっくりしていきゃ

あいいさ」

「ありがとうございます。助けていただいたうえに、おいていただけるなんて。鬼なんてもう、ごらんのとおり、一年中、トラの皮のふんどしひとつの暮《く》らしです。この片隅《かたすみ》においていただければ充分でございます」

こうして鬼は伝平と暮らすようになったんだと。

やがて暖《あたた》かくなって春になり、ある日、鬼は伝平の前に手をついて頭を下げると、

「助けていただいたうえに、いろいろとお世話になりました。助けていただいたお礼に、何か恩返しをしたいと存じます」

「何言ってんだよ。気にすんねえ」

「いえいえ、それではわたしが鬼の世界に戻りますと、親兄弟の鬼たちに、おまえは恩返しのひとつもできない、人間にも劣《おと》る鬼でなし野郎《やろう》だと、みんなにしかられてしまいます。

たいしたことはできませんが、伝平さんは大変な博打好き、どうでしょう、私がサイコロに化《ば》けまして、あなたの思い通りの目を出してさしあげましょう」

そう言うと鬼は小さなサイコロにばけたんだと。

「え、でっかい鬼がこんな小さいサイコロに化けるって。どこいったんだよ、ひざんとこです？

ほんとにサイコロじゃねえか、小さくなったねえ、おっ、ちゃんと軽いじゃねえか」

すると鬼がサイコロの中から、

「そこが難《むずか》しいところです」

「へー、たいしたもんだね。なんだかあったけえな。え、しょうがありません、ふふ、そうかい。だけどサイコロに化けたって、ちゃんところがって目をだせなきゃしょうがねえぜ」

「大丈夫です、毎日でんぐりがえりして練習《れんしゅう》しました」

「そうかい投げてみるよ、へえー、たいしたもんだねえ。ころがったよ。だけどちゃんと目がでるのかい。一は出るかい」

「はい、逆立《さかだ》ちをしてしりの穴《あな》を上に向けて一になります」

「ほんとだ、汚《きたな》い一だね。二は」

「はい、こんどは、上向いて、目ん玉ひんむいて二がだせるようになりました」

「へー、たいしたもんだ。いかさま博打は気が引けるが、せっかくのおめえの気持ちだ。わかった、でかけてみるか」

伝平は鬼のサイコロを持って博打場にでかけたと。なにしろ鬼のサイコロだもんだから、伝平の言うとおりの目をぴたっぴたっと出した。いつも負けてばっかりいた伝平でも、次から次と勝ち続け、これまでの負けを一気に取り戻すいきおい。みんながあきれかえるほどの大もうけをしたんだと。

家に帰ると、

「ありがとよ。おめえのおかげでこんなにもうかった。あちこちの借《か》りをけえしても、まだあまるくらいだよ。ありがてえ」

「それはようございました。それではこれでわたしもおいとまいたします」

「そうかい、おめえにゃあかえって世話になったな。今日は好きな博打でさんざん楽しませてもらった。おかげでさっぱり気がすんだよ。賭《か》け事なんてのはこんなことでもなけりゃ勝てるもんじゃねえってつくづくよくわかった。これからはおれも心を入れ替えて、博打をぴったりやめにして、地道に暮らしていくことにするよ」

それを聞くと鬼もたいそう喜んで、鬼の国へ帰っていったそうじゃ。伝平もそれからというもの鬼との約束《やくそく》どおり、ぴったりと博打をやめて、幸せに暮らしましたとさ。

とんとんむかしは、めでたしこっぷり、へえしまい。

※『八王子のむかしばなし』（八王子市　参考　落語　狸賽）

おびんずるさま

（高尾《たかお》）

とんとんむかし、高尾のお山の山下の清滝参道口《きよたきさんどうぐち》にな、不動院《ふどういん》ちゅうお寺があると。

このお寺はな、高尾山の別院《べついん》で、お山に登《のぼ》って参詣《さんけい》される方々が、気を引き締めて身仕舞《みじま》いを正そうと、立ち寄っていかれたりもするんじゃと。

不動院はな、こじんまりとしたお寺ながら、どっしりとした落ち着いた趣《おもむき》があって、よく知られておったと。そんでよ、もっともっと、よく知られておるのは、この不動院においでになる〝おびんずるさま〟じゃ。赤い頭巾《ずきん》とよだれかけを着けた、丸顔の優しそうなお顔立ちで、里の衆《しゅう》に親しまれ、敬《うやま》われておったそうじゃ。

おびんずるさまっちゅうのはな、お釈迦《しゃか》さまのお弟子で十六羅漢《らかん》さんのお一人じゃ。神通力《じんつうりき》が高く、人々を救《すく》って下さるということじゃ。

おびんずるさまがありがたいのは、撫《な》で仏《ぼとけ》といって、どこか具合《ぐあい》など悪いところがあったらな、そこを撫でて、

「どうぞ、なおしてください」

と、お願いするのじゃ。すると、不思議《ふしぎ》に霊験《れいげん》がいただけて、はらりとなおるそうじゃ。

さあて、八王子は横山村に、お六さんちゅう娘《むすめ》さんがおったと。

しっかりとした働きもんで、気立ても器量《きりょう》も申し分ないのじゃが、年頃《としごろ》になって、右のほっぺ

たの下にな、何と、業袋《ごうぶくろ》という、でっけえこぶができちまってな、とても、悩《なや》んでおったと。

業袋ってのはな、お伽噺《とぎばなし》の〝こぶとり爺さん〟に出て来るような、こぶのことじゃよ。

嫁《よめ》の口を世話してくださるもんもおったがよ、何しろ、その業袋が邪魔《じゃま》してよ、縁談《えんだん》は、どれも、整《ととの》わなかったと。

そんな時よ、村の物知りの爺《じい》さまがやって来て、

「高尾のお山の山下の不動院のおびんずるさまに、お参りして、こぶとりの祈願《きがん》をされるといい」

と、すすめてくださってな、おまけに、お参りの仕方も、詳《くわ》しく教えてくださったんだと。

おびんずるさまに撫で祈願する時には、一日でもいいのじゃが、三日祈願とか、七日祈願などがあってな、痛《いた》みやあんばいがひどい時ほど、祈願の日にちを多くするんじゃと。

お六さんは、どうしても業袋をとって欲しいんでな、七日祈願することにして、毎日、毎日、七日間、おびんずるさまに通ったそうじゃ。お六さんは、おびんずるさまと向き合うと、

「おびんずるさま、おびんずるさま。どうぞ、どうぞ、ほっぺたの業袋をとってください」

とお願いした。毎日、教えられた通り、おびんずるさまのほっぺたを優しく撫でて、その手で、自分の業袋のあるほっぺたをさすり、また、おびんずるさまのほっぺたを、前よりもっともっと、優しく撫でたんじゃと。

七日目に、おびんずるさまのほっぺたを、優しく撫でて家に帰るとな、みんなが寄って来て、

「よかったな」「よかったな、きれいになって」

と口々に言うんじゃ。お六さんが頬にさわってみると、なんと、ありがたいことに、あれだけ頑固で、とれなかった業袋がよ、なくなっていたんじゃ。もちろん、鏡《かがみ》も見てみたぞ。

そして、次の日に、早速、不動院にお礼参りしたら、なんと、おびんずるさまの、右のほっぺたに、業袋がついておったんだと。

「あれよ！　おびんずるさまが、お身代わりしてくださったあ。ありがたいこったあ！」

と、お六さんは、涙を流し、手を合わせたと。するとな、なんと、おびんずるさまにくっついていた業袋が、スーッと消えて、いつもの優しいおびんずるさまのお顔に戻っておったそうじゃ。

それから、間もなく、よい縁に恵まれ、お六さんは、めでたく嫁に行ったと。

そして、幸せに暮らしてなあ、やがて、お子もできたそうじゃ。

「これは、すべて、おびんずるさまのお蔭《かげ》」

と、言って、お六さんは、子連れで、おびんずるさまにお参りしたそうじゃ。

これを見た里の衆はな、

「よかった、よかった。お六さんは、こぶがとれて、今度は、子どもの、こぶつきで、お参りじゃよ。ほんに、よかったのう」

と、みんな口々に言ってよ、自分の事のように喜び合ったんじゃと。

今も不動院のおびんずるさまは、お参りの衆を、優しい笑顔で迎えてくださっとるぞ。

とんとんむかしは、ありがたどっさりこ。

笠地蔵《かさじぞう》（元八王子《もとはちおうじ》）

とんとんむかし、元八王子村の妙観寺《みょうかんじ》には、大きな笠地蔵《かさじぞう》さまがおられたと。ふだん、村の人たちは、お地蔵さまって呼んでおるんだがな、実は、阿弥陀《あみだ》さまと、お釈迦《しゃか》さまと、お地蔵《じぞう》さまの御三体《ごさんたい》なんじゃと。

妙観寺は、鼻取り如来《にょらい》さまのむかしばなしで有名な寺なんじゃが、笠地蔵さまもよく知られておった。

笠地蔵さまを建てられたのは、江戸のころといわれておってな、その当時の妙観寺のお坊さまが、熱心《ねっしん》に村々を廻《まわ》って、ご喜捨《きしゃ》を募《つの》って建てられたものじゃと。

昔《むかし》は、この辺りも雪がたくさん降《ふ》ったそうでなあ、地蔵さまたちが笠をかぶっておられるのは、雪の日や雨の日にも村々を廻って托鉢《たくはつ》をして歩かれるのに、天気の心配をせんでもいいようにってことなんじゃと。

さて、その托鉢のことなんじゃがな、御三体の笠地蔵さまが、托鉢をして村々を廻られるときにはな、なんてったって、おからだが大きいし、石でできているもんじゃから、

ドシン、ドシンとうるさくてたまらんかったと。だもんでなあ、遠くの方におっても、おいでになったことがすぐわかってな、村の人たちは急いで家に帰り、ご喜捨の用意をして、門に出て待っておったそうじゃ。

ところが、ある厳《きび》しい冬のこと。秋にとれるはずの作物が何にも取れなんだもんで、辺り一帯の村々はとても困《こま》った。食べる物がどんどんなくなって、正月も迎《むか》えられんほどじゃったと。その年の大晦日《おおみそか》の晩《ばん》、どうしたことか、家々に、米やら、麦やら、餅《もち》やら、さらには、お正月用の大根、にんじん、ごんぼ等《など》が配られたそうじゃ。

それからというもの、冬場に、食べる物が何にもなくって、村の衆《しゅう》が困っておるとな、そんな年には、誰《だれ》からともなく配られ物があって、人々が大いに助けられたそうじゃ。

そこでな、いったい、誰が配り物をしてくれるんじゃろうかちゅうことになってな、そんな年の大晦日の晩に、村の者はみんな、自分の家で、息《いき》を殺《ころ》して外のようすをうかがった。すると、真夜中ごろ、家々の戸口に、配り物の気配がした。板戸のすき間からそっと外を覗《のぞ》くと、雪灯《ゆきあか》りのなかを、笠地蔵さまが御三体、静《しず》かに静かに、村道を帰っていくところじゃったと。

村の者は目を凝《こ》らして見送った。見送りながらおかしなことに気がついた。

それはな、笠地蔵さまが、妙観寺へ帰られる雪道に、足跡《あしあと》が一つもつかんことじゃった。もうひとつ、静かで音がしないことじゃった。まことにゆかしいことじゃ。

とんとんむかしは、へえしまい。

亀《かめ》の念仏《ねんぶつ》

（寺田村《てらだむら》・館村《たてむら》）

とんとんむかし、寺田の村に政蔵《せいぞう》という若者《わかもの》が住んでおったと。政蔵は村でも評判《ひょうばん》の親孝行者《おやこうこうもの》でな、おっかさまと仲良く暮《く》らしとった。

ある時な、おっかさまが急《きゅう》な病《やまい》で寝込《ねこ》んでしまったと。医者《いしゃ》さまに診《み》てもらったんだがな、どうも良くならなくてなあ、心配した政蔵は、村一番の物知りのじいさまに相談《そうだん》したと。

じいさまは、「うーん」と考えとったがな、

「おおそうじゃ、なんでも、館の村の高山というところにな、どんな医者さまもかなわねえ、〝医者倒《だお》し〟という薬《くすり》になる草が生えとると聞いたことがあるぞ。その草を煮《に》てな、汁を飲むと、どんな病もすぐ良くなるそうじゃ」

と、教えてくれた。

喜んだ政蔵は、次の朝早くに家を出てな、館村の高山に入っていったと。

ところが山ん中すみずみまで探したんだがな、それらしい草は見つからんかった。

夕方になってな、政蔵はしかたなく、あきらめて帰ることにしたと。

高山を出て、館村のはずれにある龍見寺《りゅうけんじ》というお寺のところまで来るとな、大日如来《だいにちにょらい》さまという仏《ほとけ》さまを祀《まつ》ってあるお堂の前の大きな池の中から、何か声が聞こえてきたと。不思議《ふしぎ》に思って耳をすまして聞くとな、誰かが念仏《ねんぶつ》を唱《とな》えておる。

〝はて、今頃《いまごろ》だれだろう？〟

と、目を凝《こ》らして見るとな、池の真ん中に大きな亀《かめ》がいて念仏を唱えとった。

〝昔《むかし》から、亀の念仏を聞くと良い事が有るという話は聞いとったが、これがそうだったか〟

と、政蔵はありがたく思ってな、おっかさまの病が治りますようにと、亀の真似《まね》をして一生懸命《いっしょうけんめい》念仏を唱えたと。政蔵が家に帰るとな、なんと、おっかさまの病は、すっかり良くなっとったと。

「これは、きっとあの亀の念仏のおかげじゃ。ありがたい、ありがたい」

と、政蔵は、おっかさまに今日あった亀の念仏の話をしてな、二人で大喜びしたと。

この話を聞いた村の人達《ひとたち》はな、

「きっと、その亀は、親孝行者の政蔵を助けるために、大日如来さまが遣《つか》わされたんかもしれんな」

と、うわさしたそうじゃ。

さて、政蔵は、おっかさまと二人で亀にお礼《れい》しようとお酒を持って、池に行ったと。

なんでも、亀はお酒が大好物《だいこうぶつ》だと聞いたことがあるからじゃと。

とんとんむかしは、ありがたどっさりこ。

ごきげんな一二《いちに》さん（小宮《こみや》）

とんとんむかし、八王子在の小宮村に一二《いちに》という若者が住んでおった。名前が一二《いちに》だから、里の衆は、一二《いちに》さんと呼んでおった。

一二さんは、諏訪宿《すわじゅく》から嫁《よめ》さんをもらうことになったので、嫁さんをむかえに出かけたと。

とんとんと庚申《こうしん》さまの峠《とうげ》まで来たら、すとんところんでしまったと。

見ると道の真ん中に、枯《か》れ枝がころがっておった。

「嫁さんがつまずいてころぶといけない」

一二さんは、よいしょと枝をかかえると、道のわきのやぶの中にすてたと。すると、

「キューン」

と変な声がした。一二さんがやぶの中をのぞいてみたら、投げた枯れ枝が頭にあたり、野うさぎが目を回して倒《たお》れておったと。

「おやおや、これは、よいみやげができたぞ」

一二さんは野うさぎを捕《つか》まえると、とんとん庚申坂をおりていった。

するとこんどは、小川に一本橋がかかっておったと。

一二さんは、おっとっと、ボチャンと川に落ちてしまった。そんとき、

「フギャ」

と変な声がしたんだと。見るとカモが目を回しておった。一二さんがちょうどカモの上に落ちたのじゃった。川は浅くてすぐ立てたそうじゃ。

「おやおや、こんどはカモのおみやげだ」

一二さんは手に持っていた野うさぎとカモを一緒《いっしょ》にしばると、ポンと岸にほうりあげた。そして自分も岸にあがろうとしたら、つるっとすべって深いところに落ちそうになった。そこは鹿島《かしま》の岸じゃったと。

一二さんはあわてて岸の草むらに出ている枝にしがみついた。でもそれはシカの角じゃった。シカはのんびり昼寝《ひるね》をしていたのじゃ。

驚《おどろ》いたのは一二さんよりシカのほうじゃった。シカがあばれるので一二さんはますますしっかりとシカの角《つの》につかまった。シカは大あばれにあばれてばったりと倒れてしまった。やっとのことで、一二さんは岸にあがることができた。

見るとシカが大あばれしたあとに、おいしそうな長い長い山いもがほりだされておった。

「おやおや、こんどはシカと山いものおみやげだ」

一二さんは大喜び。でも、きものがびしょぬれじゃ。ぬれたきものをぬいだんじゃと。すると、ピンピンピンふんどしからたくさんのフナがこぼれ落ちたと。

「おやおや、こんどはフナのおみやげだ」

あんまりおみやげが、たくさんになったので、運ぶのに何かいいものはないかと、あたりを見回したそのときじゃった。

山のほうからドドドドーッというものすごい音がした。イノシシが一二さんめがけてかけおりてきたのじゃった。

一二さんはあわててそばにあった木によじのぼった。

走ってきたイノシシは藤《ふじ》づるに足をとられてどどんところげ、一二さんの登っている木にどしんとぶつかった。

バラバラバラと、モモの実がイノシシの頭の上に落ちて、イノシシは目をまわしてしまった。一二さんが登った木には、モモがどっさりなっておったのじゃ。

一二さんはモモの木からおりると、

「おやおや、こんどはイノシシにモモの実のおみやげだ」

一二さんがかぞえたら、モモの実はちょうど百個あったそうじゃ。モモという字は百とも書くのでちょうどよかろう。

一二さんはうれしいが、困ってしまった。

「こんなにたくさんではとてもひとりでは持ちきれん。どうしよう」

でも……心配はいらなかったと。イノシシがからんだふじづるが、なんと、りっぱなかごにあみあがっておったと。

みやげをかごにつめおわったとき、カラカラカラと、からの荷馬車《にばしゃ》がとおりかかった。

「諏訪の宿まで帰るところだよ。乗っていかんかね。お礼なんていらないよ」

荷馬車をひいた、おとっつあんが声をかけた。

一二さんは大よろこび、みやげをいっぱい荷馬車に乗せてもらった。

嫁さんのにこにこした顔がうかんだと。

「お諏訪さまのご利益《りやく》かもしれんぞ」

一二さんはごきげんじゃ。

カラコロカラコロ、荷馬車の音もごきげんじゃったと。


とんとんむかしは、めでたし、こっぷり。

極楽寺《ごくらくじ》の一里鐘《いちりがね》（大横町《おおよこちょう》）

とんとんむかし、八王子宿《はちおうじじゅく》の大横町は浅川のほとりに宝樹山極楽寺《ほうじゅさんごくらくじ》という大きな寺がある。その寺の釣《つ》り鐘《がね》は、ゴーンと一つ撞《つ》くとその鐘の音がウォーンウォーンと広がって、はるか遠く一里四方にまで響《ひび》くので、一里鐘と呼《よ》ばれる有名な鐘じゃった。

小田原に心の優しい若者《わかもの》が母親と二人で暮らしておった。ある時、この若者が旅《たび》の途中《とちゅう》、八王子の宿を通りかかったときじゃった。ふと見ると、道にきれいな櫛《くし》が落《お》ちていた。若者は思わず拾いあげ、こんなきれいな櫛をおっかさんにみやげにあげたならさぞ喜ぶだろうと思って、拾った物なのに、そのまま自分の懐《ふところ》に入れてしまった。ところがその櫛は、前を歩いていた小間物売りの荷物《にもつ》から落ちた櫛だった。小間物売りは何か落とした気がしてふりかえると、ちょうど若者が櫛を懐にしまうところだった。そして、この泥棒《どろぼう》めとおおさわぎをしたものだから、若者はたちまち捕《つか》まって、牢屋《ろうや》に入れられてしまった。若者は牢屋の中で後悔《こうかい》してな、

「俺《おれ》はなんであんなことをしてしまったのだろう、牢屋に入れられたと聞いたなら、小田原のおっかさんはどんなに悲しむことだろう。今頃《いまごろ》は俺の帰りが遅《おそ》いのをたいそう心配していることだろう。まったく俺ほどの親不孝《おやふこう》ものはあるまい。なんとか一目おっかさんに会いたいものだ」

そう思うといてもたってもいられなくなり、とうとう、牢屋から逃げ出してしまったんじゃと。

すると、すぐに役人が追いかけてきたので、若者は浅川のほとりの大きな寺に逃《に》げ込《こ》んだ、そこは八王子でも指折《ゆびお》りの名刹《めいさつ》で極楽寺というお寺じゃった。

逃げ込んだ若者は、和尚《おしょう》さんに、

「小田原の母親に一目会いたくて牢屋から逃げ出してしまいました。お願いします、どうかかくまってください」

と必死でたのんだ。

するとき和尚さんは優しくうなずくと、若者を奥へ案内《あんない》した。まもなく追ってきた役人が、

「先ほどこの寺に罪人《ざいにん》が逃げ込んだはずじゃ。すみやかに差《さ》し出《だ》せい」

と和尚さんにせまったと。すると和尚さんはにこにこして、

「わしは坊主《ぼうず》じゃから、この寺を頼って逃げて来た者は、たとえそれが罪人といえども返すことはできぬ。お引き取りなされ」

ときっぱり断《ことわ》った。しかし役人も、

「罪人を捕《とら》えるのが、私の役目じゃ。それができぬとあらば私もお役目上、腹《はら》を切らねばならぬ。ぜひともお返し願いたい」

と厳《きび》しく和尚さんに詰め寄《つよ》った。そして、返せ、返せぬと押《お》し問答《もんどう》になってしまったそうじゃ。

その内に、和尚さんが良いことを思いついてな。

「そうじゃ、それでは、両方がたつように一つ提案《ていあん》するがいかが」

「よし、なんじゃ」

「つまりこうじゃ、この寺から連れて行かれたり、逃がしてもこの寺の前で捕まるようではわしも困《こま》る、が、捕らえなければそちらも困るのだから、どうじゃ、あの若者が寺を出るときに、わしが釣り鐘を一つだけつくから、その音が鳴《な》り止《や》んだら追いかけるということでは」

するど役人は、

「鐘の一つぐらい待《ま》つのは、わけもないこと、捕まえるのは簡単《かんたん》だ」

と承知《しょうち》した。

和尚さんはさっそく若者のところへ行き、

「よいか、鐘一つだから、そう遠くへは行けないだろうが、一生懸命《いっしょうけんめい》逃げるのじゃ。もう、もう、足が折《お》れんばかりに、走って走って逃げるのじゃ。そしておっかさんのところまで、きっと逃げ帰るのじゃぞ」

そうさとして若者と釣り鐘のところへ行くと、和尚さんは、鐘の前で手を合わせてから、撞木《しゅもく》の綱《つな》を思い切り引いて、鐘を撞き、

「それ行け」

と若者をおくりだした。

若者は、もうもう死ぬ気で小田原に向かって走って、走って走ったと。

鐘の余韻《よいん》は、ゴーン、ウォンウォンウォンウォンウォンウォンと鳴り続き、いつまでもいつまでも消えなかった。

そして、若者は一里も先まで逃げることができた。

はじめはすぐにでも駆《か》け出そうとしていた役人は、いつまでたっても鳴り止まぬ鐘の音にしびれをきらしたが、やがて、そのあまりの不思議《ふしぎ》さに心打たれた。

「不思議なことがあるものじゃ。これはきっと仏さまの思し召《おぼめ》しにちがいない」

と考えて、とうとう追いかけるのをあきらめたそうじゃ。

こうしてこのとき極楽寺の一里鐘は、若者が一里逃げ切るまで鳴り続けたのじゃった。

そしてこの若者は無事《ぶじ》、小田原のおっかさんのもとに帰り着くことができたそうじゃ。

とんとんむかしは、ありがたこっぷり。

子授《こさず》け稲荷《いなり》（産千代稲荷《うぶちよいなり》）（小門《おかど》）

とんとんむかし、八王子の本宿に伊勢屋《いせや》という団子屋《だんごや》があった。
嫁《よめ》さんは、十八で嫁《とつ》いできてな、いつもにこにこと明るくやさしい人柄《ひとがら》じゃった。気立てもよくて、働《はたら》き者じゃから、近所でも評判《ひょうばん》の嫁さんじゃった。ところが、なかなか子宝《こだから》にめぐまれず、三年たってもお子ができなんだと。

「嫁いで三年子なきは去れ」

という言葉があるくらいで、三年経《た》っても子供ができないと、実家にかえす理由《りゆう》になるほどじゃった。亭主《ていしゅ》もお姑《しゅうとめ》さんも、たいそう心配してな、あちこちの有名な神社《じんじゃ》やお寺にもお参りしたが、なかなか授《さず》けていただけなかったと。

あるとき、お姑さんが不思議《ふしぎ》な夢《ゆめ》をみたんじゃと。
なんと、店先に二百歳《さい》をこえたかと思われる白髪《はくはつ》の老人がひょっこりとおとずれてな、

「嫁ごを連れて、小門宿の産千代稲荷《うぶちよいなり》にお参《まい》りされよ」

と、告《つ》げるとたちさったんじゃ。お姑さんは、目が覚《さ》めると、

「これは良い夢を見た、一番近くの産千代稲荷さまを忘《わす》れておった」

と、さっそく、嫁ごを連れてお参りにでかけたそうじゃ。
するとな、お稲荷さんの前の道までくると、産千代稲荷からたくさんの子狐《こぎつね》を連れた親狐《おやぎつね》が道

を横切って、ゾロゾロと行くのがみえたんじゃ。
そして、母親狐が嫁さんのほうに振《ふ》り向《む》くと、
にこっと笑《わら》いかけたんじゃ。
二人は、これは吉報《きっぽう》に違《ちが》いないと喜んで、
しっかりとお参りして帰ったと。
するとはたして、なんとも霊験《れいげん》あらたかで、
まもなく嫁さんが子宝に恵《めぐ》まれたそうな。
その上、なんともめでたいことに、一緒《いっしょ》にお参りした、
お姑さんも子宝に恵まれたそうな。
そしてな、お嫁さんには立派《りっぱ》な男の子が生まれ、その次は
女の子が生まれ、またしばらくすると、男の子が生まれたと。
団子のようにコロコロとした丈夫《じょうぶ》な子が、次々と生まれて、
家も栄え、子孫《しそん》も栄えたということじゃ。
そこで、団子屋は、三個の串団子を、四個にして、一つはお礼《れい》の団子だといってな。
ところでな、四つは〝し〟、死《し》ぬに通ずると嫌《きら》うものもあるが、四つの〝し〟は、しあわせの
し、良いことの〝よん〟じゃともいい、団子の四つは〝縁起良《えんぎよ》し〟としたそうな。
とんとんむかしは、ころころ、ころころ、めでたしこっぷり。

御主殿《ごしゅでん》の滝《たき》

とんとんむかし、八王子のお城《しろ》が落城《らくじょう》した時、城内においでの女や子供《こども》たちは、御主殿《ごしゅでん》の館《やかた》の広間に呼《よ》び集《あつ》められていたそうじゃ。

敵勢《てきぜい》に、にわかに攻《せ》め入られ、一時は阿鼻叫喚《あびきょうかん》の巷《ちまた》と化《か》したが、しかし、武人《ぶじん》の子女としての心得《こころえ》を教えられていたので、すぐにみんな落《お》ち着《つ》いた。

老臣《ろうしん》の中山勘解由《なかやまかげゆ》さまから、条書《じょうが》きが下された。

『まず覚悟《かくご》申すべきこと

一　敵《てき》に向かい　戦《たたか》えるものは　武器《ぶき》をとり戦うべきこと

一　幼《おさな》いもので　逃《に》げ延《の》びられるものならば　血路《けつろ》をひらいておちのびるもよきこと

一　これまでと覚悟《かくご》のときは　いさぎよく自害《じがい》いたすこと』

さて……、御主殿の館の広間には、中山勘解由さまの孫娘《まごむすめ》、小鈴《こすず》という姫《ひめ》がおられた。まだ十歳じゃったが、賢《かしこ》くちろちろと愛《あい》らしく育っていた。

小鈴姫は、御主殿の館の楼閣《ろうかく》が燃《も》え落《お》ちるのを見て、いさぎよい自害の道を選《えら》んだ。ほかの婦《ふ》女子《じょし》もみな自害を覚悟したが、その屍《しかばね》が敵方の目にさらされるのを恥《はじ》とし、館の前を流れる渓谷《けいこく》に身を投げた。

渓谷には、美しく流れ落ちる小さな滝……御主殿の滝があった。滝の上に立った婦女子は、

「では、みなさま、おさきにまいります」と別れを告げると、つぎつぎと、己《おのれ》の胸《むね》を突《つ》き刺《さ》したり、喉《のど》をかき切ったりして、身を投げていったのじゃった。

小鈴姫も、おくれじと思い、覚悟を決めたが、ふと、この滝は、死体で埋《う》まってしまったのではないかと気遣《きづか》った。すでに何十人もの人が、身を投げている。

小鈴姫は、そっと滝をのぞいてみた。すると……身を投げた婦人は、小さな滝に落ちると、あれよ！と見るまに清らかな滝の淵《ふち》に、つつみ込まれるように消えていった。

小さな滝なのに、つぎつぎに身を投げる人を、いたわるようにつつみ込んでいくのじゃった。

「滝の神《かみ》さまが哀《あわ》れに思われ、屍をさらさずにすむよう、守ってくださっている」

小鈴姫は、そう気づくとにっこりし、己の胸をさして、身を投げたそうじゃ。

その後もたくさんの婦女子が御主殿の滝に身を投げたのに、まったく屍をみつけることができなかったということじゃ。

とんとんむかしは、へえしまい。

小比企《こびき》の三太郎《さんたろう》（小比企《こびき》）

とんとんむかし、小比企に三太郎っちゅう若者《わかもん》が住んでおったと。

三太郎は朝早くから夜遅《おそ》くまで、山の畑で働《はたら》いた。せっせせっせと働いたと。一生懸命《いっしょうけんめい》働いたんじゃが、ちっともうだつがあがらんかったと（うだつがあがらないというのは、働いても働いてもあんまり豊《ゆた》かになっていかないことじゃ）。

あるとき、三太郎は一生懸命働いて、疲《つか》れて寝《ね》たら夢《ゆめ》をみた。どんな夢かというと、夢の中に神さまがあらわれて、

「これこれ三太郎。おまえにいいこと教えてやろう。これからずっと東の方へいってごらん。どんどんいってごらん。そうすると保谷《ほうや》というところに一本松《いっぽんまつ》があって、その一本松のところに、一本松の長者といわれるお大尽《だいじん》がおる。そのお大尽のおやしきのところへ行ったら、ちょうど門のところに、おっきいおっきい亀石《かめいし》があるから、その石の上にのっかってろや。いいことあるぞ」

と、夢で教えてくれた。

「神さまがいいことあるっちゅうから、それじゃあ神さまのいうとおり、東へ東へいってみんべえ」

三太郎は神さまのいうとおり東へ東へでかけていったと。

東へ東へ行ったらば一本松があってな。そうしておっきな屋敷《やしき》があって、おおきな門があって、その門のちょうど向かいにおおきな石があった。

「あ、これだ。これが亀石だな。よし、この石の上にのっかってんべえ」

って三太郎のぼったと。ひょこんとのぼっておったと。

一日たっても、それらしいいいこと、なんにもないと。

二日たっても、それらしいいいこと、なんにもなかったと。

でも神さま言《ゆ》ったんだから、一生懸命神さま信じてな、その石の上にちょこんとのっかっとった。

さあて、一本松のお大尽、門のところからひょいと見ると道の向こうのおっきい石の上にぴょこんとあほたれがのっかっとった。

「なんだあの男、変《へん》な男だなあ、昨日《きのう》もおったぞ。あほづらして、おといもおった。また今日もおるぞ」

次の日見ると、

「また、おるぞ。あのあほたれめ。なにしておる。まさか、屋敷の様子をうかがってるんでもなかろう。そんなら、姿《すがた》かくしてのぞけばいいのに、おっきい石の上に、ぴょこんとのっかって、そして、なあんにもすることなくって、ぽかんとのっかっておるだけ。でも気になるやつじゃなあ」

と思ったお大尽は、門から出てくると、三太郎に声かけた。

「おいおい、おまえさん昨日もおとといも、さきおとといも、ずーっと石の上にすわっておるけれど、なにしておる」

声かけられたけど三太郎、きのうも食べてないし、おとといも食べてないし、もうおなかがぺこぺこ。目がくらんでぼーっとしておった。

「なにしとるって……。はて、わしゃあ、なにしとるんだろうなあ。石の上にすわっとる」

「なんですわっとる」

「神さま言《ゆ》った、夢で言《ゆ》った」

「なに言《ゆ》ったんじゃ？」

「わしんとこから、どんどん、どんどん、東へ行って、そして、ご門の前のこの石の上にのっかってろって言った。だから、わしは一生懸命いいことあるかと思って、のっかってるんじゃよお」

って、もう、蚊《か》のなくような声で話したと。

それを聞いたお大尽、

「あっはっはっはは」

って笑ってな、

「夢でそんな話を聞いたって、まさか本当になるはずはない。夢なんぞ信じておって、なんともバカなやつだ。わしなんぞ、ここから、どんどん、どんどん西の方に行ったらば、小比企っちゅうところがあって、そこにちっちゃい家があって、三太郎っちゅうやつがすんでおって、その三太郎の家の背戸《せど》をあがっていくと、
そこに枯《か》れかけた一本松があって、
その一本松の根元《ねもと》を掘《ほ》れば、
ざくざくお宝《たから》が出てくるっちゅう夢を見た。
でもわしはそんな夢なんぞ信じないから、
もうとっくに忘れておったよ。
おまえさんは何とばか正直であほうなやつじゃなあ。
夢なんぞ信じることはない。さっさと家に帰んなさい」
と、お大尽が親切にいってくれたと。
　その話をきいた三太郎は、
「あれ、ここから、どんどんどんどん西に行く、ふんふんふんふん。
そうして小比企っちゅうとこがある、うんうんあるある。
うん、それはわしんとこだぞ。三太郎ちゅうやつが住んどる、
うんうんうん、住んどる住んどる、わしじゃあ、三太郎はわしじゃぞ。
背戸をのぼると、うんうん、のぼるのぼる。枯れかけた一本松がある、うんある。

そこの根元を掘る、あっ、そうか、いいことっちゅうのはこれだぞ」

気がついた三太郎は、いそいでいそいで、西へ西へと戻ったと。

そうして自分ちの背戸をのぼると、一本松のところへ行って、根元をどんどん掘ってみた。言われたとおりにしたと。

すると、大判《おおばん》小判《こばん》それに米俵《こめだわら》とか、りっぱな飾《かざ》り物とかが、ざくざく出てきたと。掘れば掘るほど出てきたと。

三太郎は、もううれしいのをとおりこして、うはうはとよろこんで掘った。そうして、なんと、三太郎が掘り出した宝物は七つもの蔵《くら》にびっちりはいるほどに掘れたんだと。

さて、保谷の一本松のお大尽の家には七つ蔵があったんだと。りっぱな蔵があったんだと。

どどどどーっと地震《じしん》のような地鳴《じな》りがしたとおもうと、その蔵がずんずん沈《しず》んでいった。

一つ沈んで消えた。

二つ沈んで消えた。

三つ沈んで、四つ沈んで、五つ沈んで六つ沈んで七つ、とうとうみーんな沈んで消えてしまったと。

一本松のお大尽はおお貧乏《びんぼう》になったんだと。

そうして、小比企の三太郎はおお大尽になったそうじゃ。


とんとんむかしは、へえしまい。

ざっくり婆《ばあ》（小宮《こみや》・粟之須《あわのす》）

とんとんむかし、武州《ぶしゅう》・谷地《やじ》の庄《しょう》・谷地川の川筋《かわすじ》の里には、ざっくり婆《ばあ》とか、ざくり婆と呼《よ》ばれる鬼婆《おにばばあ》のような化《ば》け物《もの》、妖怪《ようかい》が現《あらわ》れたそうじゃ。

ざっくり婆が現れるのは、日暮《ひぐ》れが早くなる秋の末から、冬場のことじゃった。

よく出る場所というと……、新しい分家とか、お百姓《ひゃくしょう》をせん新宅なんぞには現れんで、里の本家とか、旧家《きゅうか》、大家《たいけ》とか、村でも立派《りっぱ》な身代《しんだい》を持った家に出たということじゃ。

お屋敷《やしき》の背戸《せど》の小川の洗《あら》い場や、台所《でえどころ》の広い土間の奥《おく》まった流し場に、向こう向きで現れ、ざっくり、ざっくりと、小豆《あずき》を研《と》ぐようにしているもんだから、里によっては、〝小豆研ぎ〟とも呼ばった。

日暮れ時、野良《のら》なんぞから帰《けえ》って、洗い場や、流し場で妙《みょう》なお婆が、ざっくり、ざっくり、シャキ、シャキと、米やら小豆やらを研いでおったら気をつけろよ。怪しく思って、うっかり、

「おい、おめえは、だれじゃ！　なにしとる？」

なんて、声かけちゃ、なんねえぞ。お婆が振《ふ》り向いて、にゃったらと不気味《ぶきみ》に笑《わら》い、

「おらあ、ざっくり婆じゃ。なにしとるかって？　おらあ、ざっくり、ざっくり、この家さ取り潰《つぶ》しとる」

と、答え、真っ赤な大口あけ、はあーっと、赤い臭《くさ》い息、吐《は》くんじゃ。だからなあ、ざっくり婆

が出ても、うっかり声掛け、振り向かれたら大変《てえへん》じゃ。良くねえ凶事《きょうじ》、悪運《あくうん》にみまわれ、家が潰れてしまうんじゃと。

「ざっくり婆に振り向かれたら、もう、おしまいじゃ」

と、人々は恐《おそ》れたものじゃ。

ところが、粟之須《あわのす》、四谷の旧家、弥兵次《やへいじ》さまのとこじゃ、若衆《わかし》が、剛毅《ごうき》で、

「ざっくり婆なんぞ、振り向いたら、その首打ち落としてくれる」

ってな、ある夕暮れ時、ざっくり婆が現れるのを待ち、身構《みがま》えておったそうじゃ。

狙《ねら》いたがわず、広い土間の流し場に、ざっくり婆が現れた。

「婆！　いざ！」

と、叫《さけ》び、打ちかかろうとしたが、急に、金縛《かなしば》りにかかって、ピクリとも身動き出来んようになっちまったと。ざっくり婆は振り向くと、にゃったらと不気味に笑い、

「おらあざっくり婆じゃ。この屋敷を、ざっくり、ざっくり、ぶっ潰す」

と、言って、赤い息をはいたそうじゃ。

可哀そうに、若衆は、その場で苦しみぬいて死に、弥兵次さまの家の者も、次々と病気《びょうき》にとりつかれ、とうとう、家潰れになってしまったそうじゃ。

石川の藤の木の兵右衛門《へいえもん》さまの屋敷でも、新しく来た嫁《よめ》さまが、ざっくり婆の恐ろしさを知らんもんだから、背戸の洗い場のお婆に、親切に声を掛けてしまったんだと。

ざっくり婆は、しめた！　と思い、
振り向いてにゃったらと笑ったと。
暫《しばら》くして、兵右衛門さまのところじゃ、
夕食に誤《あやま》って毒《どく》キノコを食い、
屋敷中、死に果《は》て、やっぱし、家潰れになったそうじゃ。

さて、粟の洲の関根の御本家《ごほんけ》にも、
ざっくり婆が現れたそうじゃ。

御本家の若奥さまは、よし乃《の》さまと申《もう》され、
青梅《おうめ》の武州御嶽《みたけ》の宮ゆかりの家から、
二十歳《はたち》の時お嫁にお出でになられた。
堂々《どうどう》と胆力《たんりょく》のすわったお方で、柔《やわ》らの術《じゅつ》も身に付けておられた。

ざっくり婆が、この若い嫁さまを侮《あなど》り、夕暮れ時に現れたそうじゃ。

よし乃さまは、ざっくり婆が振り向くと、その屋敷は家潰れになるということを知っておられた。なんとしても、由緒《ゆいしょ》ある関根の御本家を守らねばと、しっかりと覚悟《かくご》されたそうじゃ。

よし乃さまは、
「武州御嶽のお犬さま、武州御嶽のお犬さま、武州御嶽のお犬さま」
と、御嶽の宮を念《ねん》ずると、向こう向きに姿を現したざっくり婆に、つつーっと迫った。

柔らの術で、ざっくり婆の首をがちっと押さえ込んだ。

そして、静かに、厳粛《げんしゅく》に、

「お婆よ、このまま小豆を研ぎ続けなされ。研ぎ終えたらゆるりと消えなされ。さもなくば、この首へし折《お》るが、いかに？」

と、おっしゃられたそうじゃ。

ざっくり婆は首も振れず、そのまま、ざっくり、ざっくり、と、小豆を研ぎ続けたと。

やがて、研ぎ終えたのか、ゆるりと消えたそうじゃ。

それから後は、ざっくり婆は、関根の御本家には現れなかったという。

よし乃さまが、関根家の大奥さまになり、七十七歳の喜寿《きじゅ》を迎《むか》えられた時、祝《いわ》いに来た村の衆《しゅう》が、

「ざっくり婆のような、世の中の役に立たん化けもんは、出んほうがよろしゅうございますなあ」

と、よし乃さまにいったそうじゃ。するとよし乃さまは、

「いえいえ、その家の家潰れを予告《よこく》してくれる兆《きざ》しなら、家の者こぞって、心組みをしっかりせよという教えと思えば、ざっくり婆も無用とは申せますまい」

と、おしゃられたそうじゃ。

家を守り続けるということは、常日頃《つねひごろ》の、心組みしだいということかもしれんな。

とんとんむかしは、へえしまい。

浄瑠璃姫《じょうるりひめ》（長池《ながいけ》）

とんとんむかし、相模《さがみ》の国、岡崎《おかざき》の庄《しょう》の岡崎四郎というお方は、お子に恵まれなかった。或《あ》る時、大磯《おおいそ》の漁師《りょうし》の網《あみ》にかかった薬師如来《やくしにょらい》を貰《もら》い受け、この薬師如来に祈念《きねん》したところ、女の子を授《さず》かった。

そこでその子の名を、仏法《ぶっぽう》でいう、清く穢《けが》れのないという意味の、浄瑠璃《じょうるり》と名づけたそうじゃ。

浄瑠璃姫《ひめ》は美しく成長して、小山田《おやまだ》一族《いちぞく》の小山田高家《たかいえ》へ、この薬師如来を持って輿入《こしい》れした。戦乱《せんらん》の世になり、夫は新田義貞《にったよしさだ》に従《したが》って出陣《しゅつじん》し、湊川《みなとがわ》の戦《たたか》いで討《う》ち死《じ》にしてしまった。

さて、高家討ち死にの知らせが小山田城《じょう》にとどいた。浄瑠璃姫は、薬師如来をだいて逃《に》げた。長池のほとりまで来た時、敵兵《てきへい》に見つかってしまったのじゃ。蓮《はす》の花が美しく咲いている長池が、悲しみと絶望《ぜつぼう》から救《すく》ってくれるように感じた。姫は日頃《ひごろ》からあつく信仰《しんこう》し、守《まも》り仏《ぼとけ》としていた薬師如来をだいて、清らかな長池にとびこんでしまったのじゃ。

この時、姫のだいていた薬師如来が、あとになってキラキラと光を放っていたのを、蓮生寺《れんしょうじ》の教山和尚《きょうざんおしょう》が見つけて池から拾い上げた。

それが薬師堂の本尊《ほんぞん》さま、薬師瑠璃光如来《るりこうにょらい》さまと伝えられておるのじゃ。

姫の身の上を深く同情《どうじょう》した村人たちは、毎年五月五日に盛大《せいだい》なお祭《まつ》りをして、木像《もくぞう》を長池に投げ入れ、姫の霊《れい》をなぐさめていたということじゃ。

このお薬師さまは、お目のお薬師さまとして信仰され、霊験《れいげん》あらたかだといわれておる。

とんとんむかしは、へえしまい。

捨《す》て子《ご》十両《じゅうりょう》

とんとんむかし、八王子の在に、〝もんじゃの吉《きち》〟と呼《よ》ばれる、たいそう頓智《とんち》のきく若者《わかもの》がおったそうじゃ。生まれた時にいただいた本当の名前は吉五《きちご》というのじゃが、どんなむずかしい問題も、やっかいな事件《じけん》も、さらりと解《と》いてしまい、

「どんな、もんじゃ」

と言って、にっこりした。そこで、まわりの衆《しゅう》は〝どんな〟を取っちまって、もんじゃ、もんじゃ、もんじゃの吉と呼ばったわけじゃ。

あるとき、代官所《だいかんしょ》の門前に、いたいけな赤子が捨《す》てられておった。産《う》ぶ着《ぎ》には、一分銀《いちぶぎん》と手紙が添《そ》えてあり、子安の宮のお守《も》り袋《ぶくろ》ものっていたんじゃ。

〝故《ゆえ》あって、捨て子の罪《つみ》を犯《おか》しますが、お許《ゆる》しください。どうぞ、この子を宜《よろ》しくお頼《たの》み申《もう》します。鬼《おに》のような両親とお叱《しか》りいただくのは覚悟《かくご》の上、死《し》んでお詫《わ》びいたします。是非《ぜひ》とも、お代官様のお慈悲《じひ》におすがり申し上げます。　罪深き父と母より〟

と、なかなか、真情《しんじょう》まめやかな文面じゃった。

赤子は女の子で、何も知らずに、にこにこと笑顔《えがお》がいっぱいじゃ。お代官は赤子の顔を見て、

「ほい、ほい、かわいいのう……」

とほっくりした。

けれども、そのまま、ほいきたと赤子を引き取り、養育《よういく》するわけにもいかない。といって、赤子の両親の真情を思うと、すげなくもできない。

しかし、このままでいたら、親どもは死を選《えら》ぶにちがいないから、事は急を要するのじゃ。死んで花実が咲くものか、なんとか思いとどまらせて赤子と無事《ぶじ》に暮《く》らせる手立てはないものかと、いろいろ知恵をしぼったが、ちっともうまい考えが浮《う》かばんのじゃ。弱ったなと思った時、

「いた、いた、いたぞ、もんじゃの吉だ。あ奴《やつ》ならいい知恵があろう」

すぐに、もんじゃの吉を呼びつけたんじゃ。

すると、

「はいはい、そんな事ならわけはない」

と、もんじゃの吉は、すぐに引き受けたと。

次の日、八王子十五宿の辻々《つじつじ》に高札《こうさつ》が立った。

〝捨て子あり。産ぶ着のべべ三枚、十両《じゅうりょう》にお守り袋。
ただちに名乗り出ずべし。捨て子の罪を赦免《しゃめん》し、
すべて引《ひ》き渡《わた》すものなり〟

なんと代官所には、たちまちに十人もの親が現《あらわ》れたんじゃ。

「おれだ」

「わしこそ」

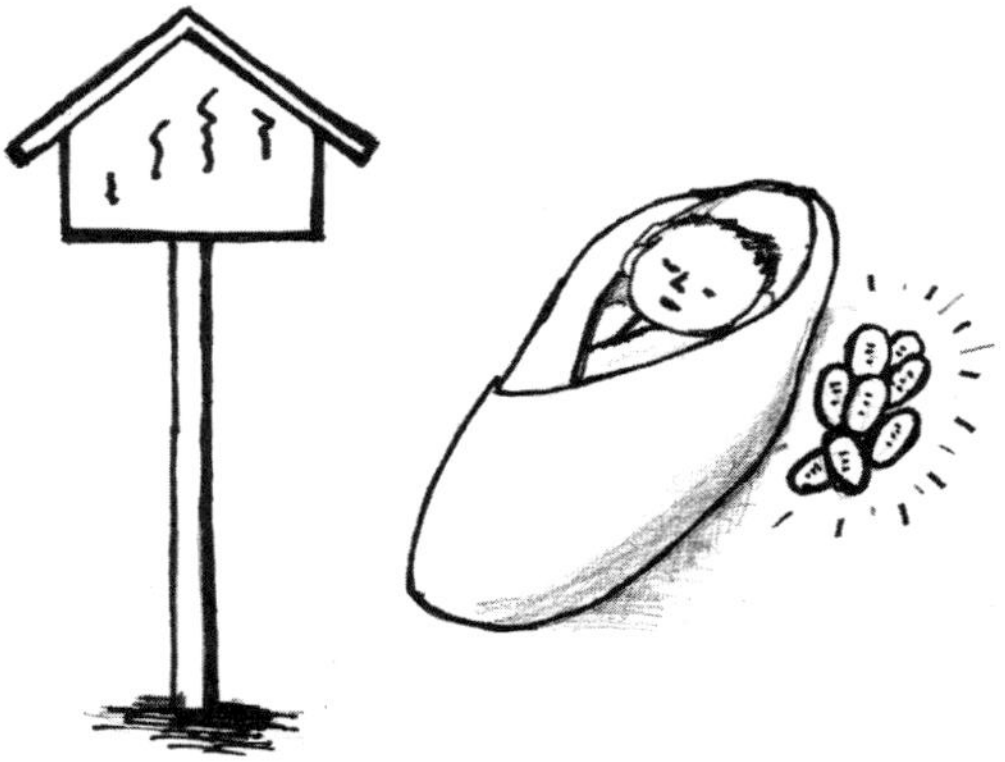

「いやいや、おれじゃ」

といって押《お》し問答《もんどう》。いずれもみんな、赤子のためではなくて、持ち金十両がめあてじゃった。十両といえば、一身代起《ひとしんだいお》こせる金額《きんがく》、店一軒《みせいっけん》ひらいて商《あきな》いができる。資材《しざい》、田畑を買って大百姓《だいひゃくしょう》になれる財力《ざいりょく》なのじゃ。もっとわかるように言えば、〝十両盗《ぬす》めば首が飛《と》ぶ〟ほどの大金なのである。


欲《よく》の皮のつっぱった奴らだから、どいつもこいつも、人情味のある奴はおらん。こんな奴らに、赤子を渡したら、赤子がどんなにひどい目にあうか……。


「おいおい、もんじゃの吉よ。これでは赤子がかわいそうだ、どうするつもりじゃ」

お代官がもんじゃの吉を責《せ》めると、

「まずまず、そう急がずにお待《ま》ちなさい。そのうちきっと、本当の親ごが現れましょう」

と、ゆうゆうと構えておった。


そのとおり、程なくして、慌《あわ》てふためいた男と女が代官所に飛《と》び込《こ》んできたんじゃ。

「申し訳ございません、不心得《ふこころえ》でございました」

お代官が二人をみて、もんじゃの吉にたずねると、

「まずまず、そう急がずに、二人の申し立てをお聞きなさい」

もんじゃの吉のいう通りに、お代官は二人のいうのを聞いてやったと。

二人がいうのには、

「この子には、わずか一分銀《いちぶぎん》しか持たせてやれませんでした。それを十両といって、人を集められたのは、私どもを呼びつけるご配慮《はいりょ》と存《ぞん》じます。十両がめあての人々には、この子は渡《わた》せません。わが子が欲深いいつわり者の子になるなら、死んだ思いで頑張《がんば》って、親子三人で生きてまいります。かたじけのうございました」

なるほど、なるほど、これならたしかに赤子の親ごだとわかり、お代官は、

「よしよし、これからは、子を捨てようとか、死のうなどと思うなよ」

と、きつく叱って許《ゆる》してやったそうじゃ。

すかさず、もんじゃの吉は、お代官に、

「どうせ十両と言ったのだから、ついでの事、ほんとうに十両を、この親子におさげ渡しくださいな。すると、お代官のお慈悲の心が世間《せけん》に知れ渡り、ますます、立派《りっぱ》なお代官だ、名代官だと評判《ひょうばん》が高まりましょう」

と、おだてあげたんじゃと。さかんにおだてられ、お代官も、その気になってしまったと。

その様子をみて、もんじゃの吉は、もう一押《ひとお》しした。

「ついでのことながら、十両が目当てで集まった、いつわり者どもも、お代官の名裁《めいさば》きの一役を、あい勤《つと》めましたのだから、いずれもご赦免で、ちょちょんのちょん」

と、調子《ちょうし》をつけたそうじゃ。

とんとんむかしは、へえしまい。

千人同心余話《せんにんどうしんよわ》

　とんとんむかし、八王子にはな、千人同心《せんにんどうしん》というお侍《さむらい》が住んでおったそうじゃ。元は武田《たけだ》の武《ぶ》士《し》でな、武田が滅《ほろ》びた後、徳川《とくがわ》に仕《つか》え、幕府槍奉行《ばくふやりぶぎょう》に属《ぞく》しておったと。

日頃《ひごろ》は、お百姓《ひゃくしょう》をしておってな、お召《めし》があると、

幕府直属《ばくふちょくぞく》の兵士《へいし》として、将軍《しょうぐん》の上洛《じょうらく》や日光参拝《にっこうさんぱい》の警備《けいび》、

それから、交代で日光の防火《ぼうか》警備などにあたっておったそうじゃ。

　その千人同心の千人頭《がしら》、原家では、

代々、馬を大事にしてこられたそうじゃ。

それなのに……、〝原家には馬の祟りがある〟などと、

あらぬうわさが伝えられた。

　うわさのもとは、原家のご先祖《せんぞ》の原大隅守《おおすみのかみ》さまが、

武田信玄公《たけだしんげんこう》にしたがい、川中島に出陣《しゅつじん》された時じゃ。

永禄《えいろく》四年（一五六一）の合戦《かっせん》で、武田の本陣《ほんじん》に、

上杉謙信殿《うえすぎけんしんどの》が切り込《こ》んで来た。

大隅守さまが、謙信殿の馬の尻《しり》を、長槍《ながやり》で、したたかに、ひっぱたいた。

それで、信玄公は、危《あや》うく難《なん》を逃《のが》れられたんじゃ。

だが、それ以来、馬に祟《たた》られる……といわれた。〝馬を殺《ころ》せば七代祟る〟というが、馬を殺したわけではない。その時、大隅守さまは、とっさに、

「突くまでのことはない」

と、馬のことを思いやり、ひっぱたいたのじゃ。このうわさは、手柄《てがら》を立てた者へのやっかみじゃな。

今でも、千人同心は槍をもって知られ、千人槍には、ひっぱたきというのがあって、槍同心が、浅川の川面《かわも》をたたいて、技《わざ》を磨《みが》いたといわれておる。

さて、この千人頭原家の子孫《しそん》の話じゃ。

寛政《かんせい》十二年、二百年余り前のことじゃ。千人頭の原半左衛門《はんざえもん》と弟の新介《しんすけ》は、幕府の命《めい》を受けて、蝦夷地《えぞち》（いまの北海道）の警護と開拓《かいたく》のため、部下の千人同心百名を引き連れ、蝦夷地に入ったと。幕府の記録には、原半左衛門から願《ねが》い出たとされておるが、実際《じっさい》は幕府の命によると思われるな。

蝦夷地へ入った一行はな、五十名は半左衛門と釧路《くしろ》白糠《しらぬか》へ、後の五十名は新介と勇武津原野《ゆうふつげんや》へと向かったと。一行は、東海岸の警備《けいび》のかたわら、原住民と仲よくまじわり、荒野《こうや》を耕《たがや》し、農業《のうぎょう》を伝え、交通の整備《せいび》にもつくした。しかしながら、慣《な》れない気候風土《きこうふうど》と食糧《しょくりょう》不足でな、次々と倒《たお》れ、数年にして大半は帰郷《ききょう》したそうじゃ。

蝦夷地への一行の内、組頭《くみがしら》三名は、妻子《さいし》を伴《ともな》っておった。勇武津原野へ入った、河西祐助《かさいゆうすけ》の妻梅《うめ》は、疲労《ひろう》と食糧不足で乳《ちち》も出んようになったと。そして、ついには病《やまい》に倒れ、幼《おさな》い子二人を残《のこ》

して、二十五歳という若さで、この世を去ったそうじゃ。

祐助は、妻の無念《むねん》さを思い、我《わ》が想いを漢詩《かんし》にして墓《はか》の後ろに刻《きざ》んだと。今でもその漢詩は、読み取れるそうな。

当時、夜な夜な女子衆《おなごし》が赤子を抱《だ》いて、泣きながら、さまよい歩いておったということじゃ。

「この子に乳をわけて下され」

と、言うてな。この女子衆は、アイヌの村にもやって来て、戸を叩《たた》いたということじゃ。

「この子に乳をわけて下され」

とな。人々は、噂《うわさ》したそうじゃ。

「きっと、お梅さんの思いがこの世に残っているんじゃろうなあ」

この女子衆が河西梅と名乗《なの》ったわけではないのでな、お梅さんかどうかは分らんがの。もしかすると、お梅さんと同じ境遇《きょうぐう》の生きている女子衆だったかもしれんなあ。いずれにしても、痛《いた》ましい事じゃなあ。

勇武津原野、現在の苫小牧市《とまこまいし》には、〝開拓の祖《そ》〟として公園に大きな像《ぞう》が建《た》てられておる。

槍を持った千人同心の立像と赤子を抱いて腰《こし》かけている女子衆の像じゃ。この女子衆は河西梅とのことじゃ。千人同心の墓は一ヶ所に集められ、〝開拓の祖〟として手厚《てあつ》く扱《あつか》われ、毎年慰霊《いれい》祭《さい》が行われるそうじゃ。

とんとんむかしは、御霊《みたま》に合掌《がっしょう》。

力石《ちからいし》（恩方《おんがた》）

とんとんむかし、八王子の恩方《おんがた》という村にたいそうなお大尽《だいじん》がおったそうじゃ。

うつらうつらと陽気《ようき》のいい、ある春の日のこと、屋敷《やしき》の庭《にわ》を散歩《さんぽ》していたお大尽は、ふと、

「わしの庭は、贅沢《ぜいたく》いっぱいに手をほどこしたから、大いに自慢《じまん》できる庭なんじゃが、だがな、どうも何かが足らんような気がする」

と、思い当たったんじゃ。

ところが、どう考えても何が不足なのか考えつかんでおった。

丁度《ちょうど》そん時、おかしな老婆《ろうば》が通りかかってな、門から庭を覗《のぞ》き込《こ》み、

「この屋敷の庭はたいしたもんだ。めったに見られん立派《りっぱ》な庭だがなあ、形の良い石がない。案《あん》下川《げがわ》の河原《かわら》にある石を据《す》えればもっと立派な庭になるんじゃが、惜《お》しいことじゃ」

と言うと、そのまま何処《どこ》かへ行ってしまった。

お大尽はその言葉を聞いてな、なるほどとうなずいた。さっそく庭師《にわし》を呼《よ》んで、案下川の形の良い石を、庭に運び上げるよう頼んだんじゃ。

見つけた河原の石は、それほど大きくはないので、庭師三人ほどで出掛けて行ったんじゃ。

ところが三人ではびくともせんかった。

「こりゃどうじゃ……」

と、不思議《ふしぎ》に思いながらも、加勢《かせい》を五人……十人……と増《ふ》やしていったが、やっぱしびくとも動かんかった。

庭師の親方は、

「この石はただの石とは思われん。きっと、何かいわれのある石に違《ちげ》えねえから、他の石にしたほうがええかもしれんぞ」

と、お大尽に忠告《ちゅうこく》したんじゃ。

しかしな、一度こうと思ったら人間なかなか気持ちは変えられん。おまけにお大尽は、人一倍執着心《しゅうちゃくしん》が強かったんでな。

「ただの石でないというのなら、よけいそのままにしてはおけん。何としてもわしの庭に運《はこ》び上げさせるのだ！」

というと、村中におふれを廻《まわ》し、

「たっぷりの手間賃《てまちん》を出すので、石運びの加勢をして欲《ほ》しい」

と、呼《よ》びかけたんじゃ。

他ならぬお大尽の呼びかけだし、それに、たっぷりの手間賃がいただけるというので、村中総《そう》出《で》の大仕事となった。

年寄《としよ》りから女、子供《こども》まで、さらには牛や馬、犬までかり出された。

朝から炊《た》き出《だ》し騒《さわ》ぎじゃ。掛《か》け声などで大賑《おおにぎ》わい、春の陽気に秋の村祭《むらまつ》りが来てしまったようじゃった。

「それひけ！」「やれひけ！」

と、大山車《おおだし》を引く以上の勢《いきお》いでな、太鼓《たいこ》や笛《ふえ》の応援《おうえん》まで付いたんじゃ。

そして、ついに……。六日目にお大尽の庭に運び上げた。

「やった！　でかしたぞ！」

と、お大尽は大喜びじゃった。

その晩《ばん》は、村中にお大尽の大盤振《おおばんぶ》る舞《ま》いがあった。酒に肴《さかな》、土産物《みやげ》に福引《ふくび》までついたんじゃ。

当たり前なら、まずこれでめでたしめでたしというところじゃが……。

その夜半、〝おーん、おーん〟と、庭の石が泣き出したんじゃ。その泣き声は重く哀《かな》しく、山々にこだまし、谷に響いて、村中を駆《か》け巡《めぐ》った。

「夜泣きの石だ！」

お大尽も村の人々も困《こま》り果《は》てた。雨戸《あまど》を閉《し》めても、布団《ふとん》を被《かぶ》っても、石の泣き声は、しみ込《こ》むように聞こえて来る。村のもんの中には、蚊帳《かや》を吊《つ》ったりしたもんもあったがな、これじゃ雷除《かみなりよ》けじゃ。他にも便所《べんじょ》に逃《に》げ込《こ》んだもんもおったが、これじゃ地震《じしん》と間違っておるよな。

とにかく耳をふさいでも聞こえて来るのは、その泣き声が人の心のその奥の魂《たましい》の底まで響《ひび》いて来るからじゃ。

泣き声は、一日……、二日……、三日……、四晩……と続いた。

村の衆《しゅう》は、もう気分がおかしくなって、
誰《だれ》も彼《かれ》もが病人《びょうにん》のようになってしまったんじゃ。

お大尽もほとほと弱り果《は》てて、

「助けてくれ！」

と言っても、もう誰一人恐《おそ》ろしがって、
お大尽の庭には寄《よ》り付かん。

「どうしたらいいんじゃ」

と、一人では手のほどこしようもなく、困りきってしまった。

そして、石を運び上げたと同じ日数の、六日目の夕暮《ゆうぐ》れ時、

「今夜も、この石の泣き声に、苦しめられるのか……」

と、おろおろと庭を彷徨《さまよ》い歩いておると、屋敷の前を可愛《かわい》げな童子《わらし》が通りかかったんじゃ。

童子は門から庭をのぞくと、

「ひどく困っている様子ですが、大丈夫《だいじょうぶ》、全《まった》くわけないことですよ。石をもとの河原へ戻《もど》せば、すべてめでたしなのです」

と、さらりといったんじゃ。それを聞いたお大尽は、

「河原へ戻せばいいだろうとは、分かっておるんじゃが……、村中総出で運び上げた石も、今は誰《だれ》一人気味悪《きみわる》がって運んでくれるもんがおらんのじゃ」

と、打ちしおれて答えたんじゃ。それを聞いた童子はにっこりすると、

「それでは、私が河原に戻してやりましょう」

と言って、庭の石に手をかけたんじゃ。

すると……、あれよ、あれよ……、石は軽々《かるがる》と、まるで紙か布で作った張《は》り子《こ》の石のように、ひょいと童子に抱《かか》えられたんじゃ。

そして……、無事に河原のもとの場所にかえされたんじゃ。

お大尽がたまげておる間に、童子は河原に石を戻すと、すたすたと夕闇《ゆうやみ》の中に立ち去ってしまったと。

その夜から村は静《しず》かになり、安らかな夜を送る事が出来たと……。

さてね……。

この話には大事な秘密《ひみつ》があるんじゃよ。

おーん、おーん、夜泣きした石は、男石でな、男石の下には、ちんまり女石が埋《う》まっておるんじゃと。

男石がおーん、おーん、泣いたのは男石が女石から引き離《はな》されたからだということじゃ。

そこで気が付いたべえ。

おかしな老婆は男石と女石を引き離し、可愛い童子は男石と女石を結び付けたという話じゃ。

とんとんむかしは、へえしまい。

でえだらぼっち　（柚木《ゆぎ》・美山《みやま》）

とんとんむかし、京の北、嵯峨野《さがの》の山寺に一人の若い法師《ほうし》がおった。法師というのはお坊《ぼう》さんのことじゃ。

この法師は、学問が好きで、たくさん本を読んで勉強した。すると、あるときから、本を一巻《いっかん》読むごとに背《せ》が一尺《いっしゃく》のびるようになった。一巻読むとグンと伸び、二巻読むとグングンと伸び、ついには一万巻の本を読み、一万尺の大男、雲にも届《とど》くほどの大男になったんだと。それで人々はこの法師のことを、大きな法師、でっかいほうし、〝でえだらぼっち〟と呼《よ》ぶようになったんだと。

さて、京の都《みやこ》は栄えに栄え、御所《ごしょ》も立派《りっぱ》、神社《じんじゃ》やお寺もきらびやか、都大路《みやこおおじ》は碁盤《ごばん》の目のように整《ととの》って、行き交う人々もにぎやかで、日本一の都じゃ。ところが、まこと日本一の都というには、一つ足らんものがあった。それは景色《けしき》なんだと。日本一の景色とは、日本一姿《すがた》の美しい山が見えることとなんだと。それで、都のえらい宰相《さいしょう》さまは、日本一姿の美しい山がどこにあるかと、悩《なや》んでおられた。

そして、でえだらぼっちの噂《うわさ》をきくと、御所にお呼びになり、こうたずねられた。

「でえだらぼっちよ、お前はあらゆる学問を修《おさ》め、なんでも知っているそうじゃから、ひとつ尋《たず》ねたいことがある。日本一姿の美しい山はどこにあるのじゃ」

でえだらぼっちは、すぐに答えることができた、

「はい、日本で一番姿の美しい山は、富士《ふじ》という山で、蝦夷《えぞ》（北海道）の地、渡島半島《おしまはんとう》にあるそうでございます」

それを聞くと宰相さまはたいそう喜ばれて、

「その富士の山を都からながめたい、おまえは大男で、力もあるから、その富士の山を都まで運んでまいれ」

ときびしくお命じになられた。そこで、でえだらぼっちは京の都から、蝦夷へでかけていった。

蝦夷に着くと、あった、あった、日本一姿の美しい山が、渡島半島という所にあった。

「これじゃ、これじゃ」

でえだらぼっちは、富士の山に手をかけると、

「よいしょ、よいしょ。えいや――っ」

と力をこめて、その山をひっこぬいた。すると、富士の山が、

「なにをするんじゃ」

と怒ったもんで、

「じつは、都の宰相さまのご命令で、おめえさまを都まで連れていかねばならん。一緒《いっしょ》に行ってくれや」

とたのんだら、富士の山は、

「わしは、ここからどこへも行きたくない、連れて行くな、連れて行くな」

と嫌《いや》がった。

「それじゃあ、おめえさまのことを、おんぶしてってやるだから、な、一緒に行ってくれや」とたのんだと。そうしてすぐに、檜山《ひやま》というところの日本一丈夫な、つたかずらを、何百本何千本と引っこ抜いて、ふてえ、ふてえ縄《なわ》をつくると、富士山をおんぶして都にむかったと。

そういうわけで、渡島半島の内浦湾《うちうらわん》が、ぽっこりまるい湾なのは、でえだらぼっちが富士山引っこ抜いたあとだからなんだと。

さて、富士山おぶったでえだらぼっちは、都めざして歩いていったと。いくらでえだらぼっちが力持ちでも、さすがに山ひとつかつぐのは、重くて重くて、足がよろけて、ふんごんだりしたんだと。そのふんごんだあとに、でけえ、でけえ穴があいて、そこに水がたまってな、湖《みずうみ》ができたんだと。それが、十和田湖《とわだこ》や、田沢湖や、猪苗代湖《いなわしろこ》、中禅寺湖《ちゅうぜんじこ》になってな、東北の湖はでえだらぼっちがふんごんだあとなんだと。

さて、京の都と蝦夷の真ん中あたりが、この多摩《たま》のあたりじゃと。いくら大男のでえだらぼっちでも、もう、くたびれて、かなわん、かなわん。そこで、でえだらぼっちは、多摩の山にヨッコラショと腰掛《こしか》けて、ひとやすみした。背中の富士山なだめて、さてまた行こうかと、立ち上がるとき、山の重さが、いっときに縄にかかったもんで、縄がぶっつり切れてしまったと。切れた縄はドサリと落ちて、やがて、草が生え、木が生えて、ぶっつり切れた形のまま、山になってしまったんだと。それが、八王子の美山町の縄切山《なきれやま》なんだと。

綱《つな》が切れて、おっこった富士山は、ゴロンゴロンと転がって、甲斐《かい》と駿河《するが》の国境《くにざかい》にちょうどいいくぼみがあってな、そこへゴロンとおさまった。あわてて、追いかけてきたでえだらぼっちに、「こりゃあ、いい座《すわ》りごごちだ。景色もいいし、暖《あたた》かいし。わしは、ここが気に入った」なんぞといった。そこで、でえだらぼっちは、もう一度、富士山をかつぎあげようと、手をかけ、よいしょよいしょと、持ち上げようと五回もがんばったけんど、富士山はがんとして動かない。そのたんびに、ふんごんで持ち上がらんかった。そのふんごんだあとの大穴が湖になってな、今の富士五湖《ふじごこ》という、五つの湖（河口湖、山中湖、精進湖《しょうじこ》、西湖《さいこ》、本栖湖《もとすこ》）ができたんだと。

でえだらぼっちは、また、富士山に一緒に都まで行ってくれやと頼んだけど、富士山は行くのを嫌がって、ぷーっと煙《けむり》をはいたり、プンプンと火を噴《ふ》いたりして嫌がったと。

でえだらぼっちは富士山おいて都に帰るわけにもいかないから、富士山が行ってくれるというまで待《ま》ち続《つづ》けてな、そこにいつまでも、いつまでも、いずまっていずまって、とうとう伊豆《いず》の山になってしまったんだと。そうして、でえだらぼっちが、都を恋《こい》しがってながした涙《なみだ》が、芦《あし》ノ湖《こ》という湖になったんだと。

今、みんなが美しい富士の山をみられるのは、でえだらぼっちが蝦夷から富士山を運んできてくれたおかげじゃぞ。富士山の大きさと、内浦湾の大きさが、ぴったり同じなのは、引っこ抜いてもってきたからじゃ。

とんとんむかし、でっかいはなし は、へえしまい。

天狗《てんぐ》わらい（高尾《たかお》）

とんとんむかし、高尾のお山にはな、八十八人もの天狗衆《てんぐしゅう》をまとめていらっしゃる、大天狗《だいてんぐ》十郎坊《じゅうろうぼう》さまちゅう偉《えれ》え天狗さまがおったんじゃ。

その大天狗さま、何で偉えかっていうとな、山の上からでけえ面《つら》出して、目玉むいてじろっと見渡《みわた》してな、人間の心の中をば見抜かれるんじゃ。

そいでな、もしその人がな、良くねえことなんぞ考えておるとよ、直ぐに見破《みやぶ》ってしもうて、お山の上から、でっけえ面ますますでっかくして、

「わっは、わっは、わっは、わっは」

って、大笑《おおわら》いなされて、さとされるんじゃや。これはなあ〝天狗わらい〟っちゅうぞ。

さあて、ある里にな〝お日待《ひま》ち〟があったと。

〝お日待ち〟ちゅうのはな、里の衆《しゅう》が、みんなめいめいご馳走《ちそう》もって、酒《さけ》もって集ってよ。ご馳走喰《く》って、酒飲んで、しゃべって、歌って、ワイワイ、ガヤガヤ、楽しむ集まりのことじゃあ。子どもたちもな、一緒《いっしょ》に行ってなあ、菓子《かし》や土産《みやげ》なんぞもらって帰るんじゃ。

だからなあ、大人も子どもたちも、みんなこの日が楽しみで待っとるんじゃ。

そしてな、いよいよその〝お日待ち〟の日になったぞう。

一郎《いちろう》べえのやつぁふと思ったと。

「今日はなあ、楽しみじゃあ……、だがな、ご馳走と酒、持って行かねばなんねえ。おらんとこには、食いものはドッサリある。大根《でえこん》の煮物《にもの》も、できとるし、きんぴらごぼう、こりゃあ大丈夫だ。だがなあ、酒持って行くのは、こりゃあちと、難渋《なんじゅう》じゃ。

うーん。何しろ、銭《ぜに》出して買わねばなんねえ。うーん、どうすべえ。うん、みんなが酒持って行くだから、おれ一人くれえ、酒持って行くふりこいて、水持って行っても、分らんじゃろう」

一郎べえのやつ、とんでもねえこと、思いついたぞ。そんでなあ、何食わぬ顔して、こっちの手に酒……じゃあねえ、水の入ったとっくり持ってな、こっちの手にはご馳走（こりゃあ本物だぞ）どっさりさげて、〝お日待ち〟さ出かけて行ったと。

さあて、二郎《じろう》べえのやつも、ふと思ったと。

「おらんとこは、ご馳走は売るほどあるぞ。芋《いも》の煮《に》っころがし、酒のつまみには豆の煮たのがいちばんじゃ。だから、大丈夫《だいじょうぶ》じゃあ。だがなあ、酒は銭出して買わねばなんねえ。こりゃあ、やめとくべえ。おれ一人くれえ、水持って行っても、よかんべえ」

そいでな、二郎べえのやつも、水とご馳走ぶら下げて、〝お日待ち〟さあ出かけていったと。

三郎《さぶろう》べえのやつも、ふと思ったと。

「酒は、もう、大好きだ。〝お日待ち〟は、それが楽しみだあ。酒がいくらでも飲めるだ。みんながみんな酒持って来るだから、おら一人ぐらい、水でかんべんしてもらうべえ」

そう言ってな、同じように、水とご馳走持って、〝お日待ち〟さあ、出かけたと。

四郎《しろう》べえのやつも、同じこと思ったと。五郎《ごろう》べえのやつも、六郎《ろくろう》べえのやつも、七郎《しちろう》べえ、八郎《はちろう》べえ、九郎《くろう》べえ、十郎《じゅうろう》べえのやつも、みんな、同じこと思ってなあ、酒のふりこいて、水とご馳走持って出かけて行ったんだと。

さあて、いよいよ、〝お日待ち〟が始まるぞう。でっけえ座敷《ざしき》にな、みいんな丸く座ってよう、子どもたちもな、後でお菓子なんぞもらえるんで、みんな、庭さ集まって遊んでおる。

座敷の真ん中にはな、でけえ樽《たる》がデーンと置かれてな、順番《じゅんばん》に酒？の入ったとっくり持って、樽のところへ行ってな、めいめい、持ってきた酒？をば、「こぽこぽ、こぽこぽ」ってあけたぞ。はい次「こぽこぽ、こぽこぽ」って、みいんなあけたぞ。

樽の中には、酒？が、いっぺえになって、とっぷんこ、とっぷんこと、波打っておったと。

やがて、当番のもんがな、立ち上がって、

「さあ、茶碗《ちゃわん》もって、ここさ、並べえ」

酒ついで「ほいよ」酒ついで「ほいよ」酒ついで「ほいよ」また酒ついで「ほいよ」

「さあみんな酒回ったかや」

「さあ、酒盛《さかも》りだあ」

って、〝お日待ち〟が始まったぞう。

一郎べえのやつなんざあ、さっきから待ちきれんでおったもんだから、まっ先に茶碗に口さ付けて、ふっと飲んだぞう。

〝ぷっ、べえっ、何だ、こりゃ、こりゃあ酒でねえ、こりゃ水だあ、
だーれだ、酒のふりこいて、水なんぞ持って来たやつは……誰《だれ》じゃあ？〟
って、心の中で思ったぞう。
〝ああ、うう、そりゃあ、おれ、かあ。ああ、おれだあ!!!!〟
だから、まさか、「こりゃ水だあ」っていえねえから、
直ぐに嬉《うれ》しそうな顔に作り変えて、
「こりゃあ、うめえ酒だあ、うめえ酒じゃあ」
って飲んだと。
二郎べえのやつも、口つけた途端《とたん》に、
〝へえ、こりゃあ水じゃあ、酒でねえ、
水なんぞ持って来たやつは……そりゃあ、
うん、へへえ、オレだあ〟
だから、我慢《がまん》こいて、ニコニコ笑《わら》って、
「ああ、うめえ、うめえ」
って、茶碗空っぽにしてよう。お替《かわ》りまでして飲んだんだと。
三郎べえのやつなんざあ、
「うめえうめえ、こんなうめえ酒飲んだことねえ」

なんて言って、顔くしゃくしゃにして涙《なみだ》ポロポロこぼして、泣いてんだか、笑ってんだか分かんねえ顔して、飲んだんだと。

四郎べえのやつも、五郎べえのやつも、六郎べえのやつも、七郎べえ、八郎べえ、九郎べえ、十郎べえのやつも、みーんな、口では「うめえ、うめえ」って飲んだんだと。

そうしたればなあ。庭に遊んどった、子どもの一人がよう、突然《とつぜん》でけえ声出して、

「あれえ、見ーい」

って、山の上の方さ、指さしたと。みんなが、山の方さ見たればな。高尾のお山の上の方から、大天狗さまが、でっけえ面を、にょきっと出して、ギンギラギンの目玉むいて、じろっと〝お日待ち〟の席さ、覗きこんだと。

一郎べえのやつ、ドキッとしたぞ。二郎べえのやつも、三郎べえ、四郎べえも、五郎べえ六郎べえ七郎べえ八郎べえ九郎べえ。そして十郎べえも、みんな、ドキッとしたぞ。

そうしたればな、大天狗さま、でっけえ目玉ギラギラさせて、

「わっは、わっは、わっは、わっは」

って大笑いなされたっと。その笑い声がな、一郎べえの胸《むね》にビーンビーンと響《ひび》いたと。二郎べえの胸にも、三郎べえの胸にも、四郎べえ、五郎べえ、六郎べえ七郎べえ八郎べえ九郎べえ、そして、十郎べえの胸にも、ビーンビーンと響いたんだと。

とんとんむかしは、へえしまい。

とおかんや（中野《なかの》）

　とんとんむかし、とおかんやとは、十月十日の夜のお祭りじゃ。春からずーと田畑を守ってくれた、田の神様《かみさま》が山へ帰られる日なのでな、この年の収穫《しゅうかく》に感謝《かんしゃ》して、獲《と》りたての新米でつきあげた亥《い》の子餅《こもち》を食ったり、赤飯《せきはん》などで祝《いわ》ったりしたもんじゃ。亥の子とはな、イノシシの子供《こども》のことで、イノシシは子だくさんなので、それにあやかってこさえた餅じゃ。

　とおかんやには、藁束《わらたば》で作った藁鉄砲《わらでっぽう》を持って、子供たちが家々の庭《にわ》を叩《たた》いてモグラを追い払い歩く所もあるんじゃと。

「とおかんや、とおかんや、亥の子の晩《ばん》のぼたもちは、
生でもいいからくいたいな」

と唱《とな》えながら、家々を廻《まわ》ったりしたんじゃと。

　さてな、八王子、中野村の久蔵《きゅうぞう》さんは、とおかんやのご馳走《ちそう》をあんまり食い過ぎて、死んじまったんじゃと。

　あの世へ旅立《たびだ》った久蔵さんは、山際《やまぎわ》まで来て、ふとおかしな老人と、並んで歩いているのに気が付いた。

そこでな、気になったもんで久蔵さんは、

「もし、どちらへ？」

と、老人に声をかけたんじゃ。

するとと、

「山へ帰るところじゃよ」

と、言うので、これから寒くなるのに、山暮《やまぐ》らしは大変じゃろうと思い、

「山は、これから寒かろうに」

と気遣《きづか》った。

すると、老人は、あわてて思い出し、

「おお、そうじゃ、忘《わす》れもんをした。藁束を取りに戻《もど》る」

と、言ってから、久蔵さんに、

「お前さんも、戻るがいいぞ」

と、言って、一緒《いっしょ》に引き返したそうじゃ。

そんな訳《わけ》で、久蔵さんは、葬式《そうしき》の最中に生き返ったが、引き戻してくれたのは、田の神さまだったということじゃ。


とんとんむかしは、へえしまい。

峠《とうげ》のきつね

（御殿峠《ごてんとうげ》）

とんとんむかし、御殿峠《ごてんとうげ》の頂上《ちょうじょう》にな、じいさまが茶店《ちゃみせ》を開《ひら》いておったと。この茶店の名物はな、蒸《ふ》かしたてのホッカホカ饅頭《まんじゅう》じゃった。旅人《たびびと》の中にはな、その饅頭が食べたくってな、わざわざ峠道《とうげみち》を登《のぼ》ってくる人さえあったそうじゃ。

さて、或《あ》る秋の日のこと、旅姿《たびすがた》のお侍《さむらい》がやって来てな、店先の床几《しょうぎ》に腰《こし》を下ろすと、

「これ亭主《ていしゅ》、饅頭を一皿所望《ひとさらしょもう》いたす」

と言ったと。じいさまは、いつものように、

「へい、お待《ま》ちどうさまでごぜいやす」

と、蒸かしたての、ホッカホカ饅頭を二つ皿にのせて、お茶を添《そ》えて出したと。するとお侍は、急いでムシャムシャとほおばり、お茶も飲《の》まずにさっさと立ち去っていった。

ところが、それからいくらも経《た》たない内に、又《また》さっきのお侍がやって来て、さっきと同じように、

「これ亭主、饅頭を一皿所望いたす」

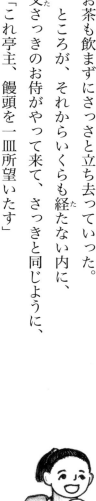

と、言って、又、急《いそ》いで食べて、立ち去ったそうじゃ。

そんなことが、次の日も、またその次の日も繰《く》り返《かえ》されるもんでな、旅姿なのに、なぜじゃろうと、じいさまは不思議《ふしぎ》に思ってな、お侍の後をつけてみる事にしたと。

するとな、お侍は峠を少し下った所で、藪《やぶ》ん中さ、へえってな、木の葉《こは》を頭の上にのせて、

「ドロドロドロン」

と、狐《きつね》になったと。驚《おどろ》いたじいさまは、急いで茶店に戻《もど》ってな、銭箱《ぜにばこ》を調《しら》べてみたと。なんせ、狐の払《はら》った銭だべ、木の葉か石ころかも知れんでよ。でもな、銭箱の中は、ぜーんぶ本物の銭じゃったと。

どうにも、腑《ふ》に落《お》ちねえじいさまはな、もう一度狐の所へ行ってみたと。そうして、藪ん中そーっと覗《のぞ》いて見ると、さっきの狐がな、今度は行商人《ぎょうしょう》に化けとるところだった。

狐の化けた行商人はな、山で集めた木の実や茸《きのこ》をいっぱい背負《しょ》って、八王子の宿場《しゅくば》の方へ下っていったと。この狐、木の実や茸を売り歩き、その銭で饅頭を買っていたんじゃな。ようやく訳が呑《の》み込《こ》めたじいさまは、

「なあんとも、律儀《りちぎ》な狐じゃなあ。今度来たら、たんと食わしてやるべえ。〝お侍さまあ、ゆっくり、たんとお食べ下せえ〟って言ってやるべえかなあ」

と、呟《つぶや》きながら、峠の茶店へ戻って行ったと。


とんとんむかしは、うれしさどっさりこ。

峠《とうげ》の山賊《さんぞく》（現《げん》・野猿峠《やえんとうげ》）

とんとんむかし、八王子の在《ざい》に、〝もんじゃの吉《きち》〟と呼《よ》ばれる、たいそう賢《かしこ》い若衆《わかしゅう》がおったそうじゃ。生まれた時にいただいた本当の名前は、吉五《きちご》というんじゃが、どんなにむずかしい問題《もんだい》も、やっかいな事件《じけん》も、さらりと解《と》いてしまい、

「どんな、もんじゃ」

と言って、にっこりした。そこで、まわりの衆は、どんなを取っちまって、もんじゃ、もんじゃ、もんじゃの吉と呼ばったわけじゃ。

あるときのこと、名主どのの使いで、八王子宿の問屋《とんや》まで、えらく、たくさんの銭《ぜに》を届《とど》けに行くことになったと。

「大丈夫《だいじょうぶ》かな……」

と名主どのは、ひどく心配した。なんせ、八王子の宿場《しゅくば》へ行くには、猿丸峠《さるまるとうげ》という大峠を越《こ》えて行かねばならん。ところが、その大峠には、〝われこそは、天下一の大山賊《だいさんぞく》！〟と天狗《てんぐ》さまより鼻高々《はなたかだか》な、そりゃあごっつい、大山賊ががんばっておったからじゃ。

名主どのの心配をよそに、もんじゃの吉は、涼しげにすましておった。

「大丈夫、銭は、きちんと届けるので、ご安心を」

「無事に、銭が届けられたら、たっぷり、お礼《れい》をさせてもらうよ」

「ご心配にはおよびません。では、行ってきます」

もんじゃの吉は、銭の包みを受け取ると懐《ふところ》に入れて、すたすたこらしょと峠道を登《のぼ》っていった。まもなく、峠の頂《いただき》じゃった。

〝さて、そろそろ、大山賊さまのおでましかな〟

さすがのもんじゃの吉も、気を引《ひ》き締《し》めた。頂上の大岩のところまでくると、ゴー、ゴー、ゴーッと、雷《かみなり》のような音が聞こえてきた。びっくりしたもんじゃの吉は、岩の影《かげ》から、そっとのぞいて見た。すると、どうじゃ。髭《ひげ》もじゃもじゃの大男が、岩によりかかって大いびきで眠《ねむ》っておった。そばには、黄金《おうごん》を入れた大きな皮袋《かわぶくろ》と、長い刀《かたな》と鉄の棒《ぼう》と、それに百間《ひゃっけん》はらくに飛《と》びそうな大弓矢が置《お》いてあった。

〝こりゃ、たまげた。この大男こそ、天下一の大山賊に違《ちが》いない。こんな大男につかまったら、たいへんだ。といって……、あわてて逃《に》げ出《だ》しても、あの大弓矢で狙《ねら》われたら、たちまち射《う》ち殺《ころ》されてしまうだろうな〟

もんじゃの吉は、ちょぴっと智恵《ちえ》をしぼった。

〝よし！〟

とうなずいて、すぐに、丸裸《まるはだか》になると、銭の包みと着物をまるめて、岩の影に、しっかりとかくした。そして、

「助けてくれーっ、助けてくれーっ！」

と、ほいほい、泣《な》きじゃくりながら、岩影からとびだしていった。

大男は、むっくりと起《お》き上《あ》がると、

「どうした！」

と、われがねのような大声で聞き咎《とが》めた。

「いま、むこうの山で、ものすごい山賊さまにあって、これこのとおり、丸裸にされてしまいました」

と、もんじゃの吉は、おんおん泣いてみせた。

「なに！　山賊だと」

「はいはい、〝われこそは、天下一の大山賊也《なり》〟と、そりゃ、えらい、えばりようで……」

「なんじゃ！　天下一の大山賊だと！」

髭もじゃもじゃの顔が、かっか、かっか　まっかっかになった。

「けしからん、おれさまをさしおいて、天下一の大山賊だなどと、まったく、けしからんぞ！　とっちめてやる！」

大男は、長い刀を腰に差し、左手に鉄の棒、右手に大弓矢をかかえると、むこうの山へと駆《か》け出《だ》していった。黄金を入れた大きな皮袋を、忘《わす》れてしまったもんじゃ。

もんじゃの吉が、大岩に登って見たら、大男が、むこうの山へ駆けて行く、駆けて行く。

「やいまて、天下一の大山賊さまだぞ！」と、叫《さけ》ぶんだが、むこうの山からも、

「やいまて、天下一の大山賊さまだぞ！」とこだまして来た。

大男は、それを向こうの山の山賊の声と思ったんだな。向こうの山へ駈けて行って、

「俺様《おれさま》が、天下一の大山賊様だぞ！」と叫んだ。

するとまたもう一つむこうの山から、

「俺様が、天下一の大山賊様だぞ！」とこだまして来た。

そこでまたまたその先の山へと、どんどん走って行ってしまったということじゃ。

もんじゃの吉は、岩の影から、銭の包みと着物を出し、大山賊が置いて行ってくれた、黄金のどっさり入った皮袋を、お土産《みやげ》に頂《いただ》くと、大峠を鼻歌で、八王子宿へと下りて行った。

無事《ぶじ》に使いを終《お》えると、名主どのに、

「お礼なんぞ、いりません。大山賊さまから、たっぷり頂きました。おひまちには、里の衆にお酒とお菓子《かし》の大盤《おおばん》ぶるまいが出来ます」

と、言って、黄金のどっさり入った皮袋を見せながら、どんなもんじゃという顔をしたそうじゃ。

さてそれから、大山賊はどうなったかって。天下一の大山賊は、もう一人の天下一の大山賊を追っかけて、遠く、遠く、山また山を、遠く、遠く、いつまでも追いかけているそうじゃ。だから、もう、大峠には、山賊が出んようになったと。

とんとんむかしは、これっきり、へえしまい。

とっくり亀屋《かめや》（現《げん》・八日町《ようかまち》）

とんとんむかし、江戸は麹町《こうじまち》四丁目に、亀屋《かめや》という立派《りっぱ》な構《かま》えの、呉服屋《ごふくや》があったそうじゃ。

亀屋の主人は、情《なさ》け深《ぶか》く優《やさ》しいお方でな、店の奉公人《ほうこうにん》はもとより、町内の人たちからも好《す》かれ、慕《した》われとったと。

ある年の暮《くれ》のことじゃ、大道商《だいどうあきな》いの古道具屋《ふるどうぐや》が訪《たず》ねてきた。

「亀屋さんの蔵前《くらまえ》をお貸《か》しくだされ」

と、言うんじゃ。見たれば、なんともみすぼらしい身なりの老人じゃった。

「どうぞ、どうぞ、遠慮《えんりょ》なくお使いくだされ」

と、主人は快《こころよ》く貸してやった。老人は、亀屋の蔵を背《せ》に、大道に店を張《は》った。むしろを一枚敷《し》いた上に、道具箱《どうぐばこ》から取り出した古道具を並べて、これが店じゃ。

亀屋の主人は、老人の商売が気になってな、店の奉公人に、

「古道具屋さんは売れとるようかい？」

と、たびたび尋《たず》ねたんだが、誰《だれ》もが同じように首を横に振《ふ》るばかりじゃった。

主人はな、自分でもそれとなく様子を窺《うかが》っとったが、さっぱり売れたようすはなかった。

忙《せわ》しい暮れの街《まち》では、古道具屋なんぞに足を止めるもの好きはおらんかった。

「お気《き》の毒《どく》に……」

次の日も、三日目になっても古道具屋は、何一つ売れなんだ。

あんまり気の毒なもんでなあ、亀屋の主人は、とうとう、自分が出かけて行った。

「わたしに何か一品、見立ててくださらんか」

古道具屋の主人は、亀屋の主人を見上げると、

〝わしの古道具が一つも売れんのを見かねて、買ってくださろうというのじゃな。亀屋の主人は、情け深いお方と聞いておったが、うわさ通りのお方じゃな〟

と、大きく頷《うなず》いて感心した。

「蔵前をお借りできたばかりか、品物まで、買ってくださろうとは、まことにありがたい。それでは、お礼《れい》に、吉運《きちうん》を呼《よ》ぶといわれる品をお譲《ゆず》りしましょう」

そういうと、老人は、道具箱の奥《おく》から古ぼけたとっくりを取り出した。

「このとっくりをお持ちくだされ。どんな望《のぞ》みも叶《かな》いますぞ」

亀屋の主人が、古ぼけたとっくりを受け取ると、なんと、老人は、さっさと店をたたんでしまった。

「おっ！　お代を、ただ今お代を」

主人は、あわてて代金を渡そうとしたが、老人は、ニコニコしながら手を振《ふ》って、人ごみの中へ隠《かく》れてしまった。

「不思議《ふしぎ》なご老人じゃ」

主人は、ただ、ポカンと見送るだけじゃった。

さて……、その晩《ばん》のこと。亀屋の主人は、老人からもらったとっくりを手にとって、しげしげ眺《なが》めた。古ぼけてはいるが、何とも、味わいのあるとっくりなんじゃ。

「これで一杯《いっぱい》飲《の》んだら、さぞ、うまかろう」

さっそく、酒を入れると一口飲んだ。何ともいわれぬ極楽《ごくらく》の心地《ここち》じゃった。

「わたしは、なんと幸《しあわ》せ者じゃ。店の商売もうまくいって、今じゃあ何不自由ない。これ以上の吉運など望む必要もないのだが……、それでも、もう一つ望んでよいというのなら旅《たび》がしてみたい。わたしは、旅が大好きなんだが、店の仕事を大事にしてきたので、ゆっくり旅を楽しむことができなかった。できれば、唐天竺《からてんじく》までもと言いたいが、これは、ちと、夢《ゆめ》が大き過ぎるじゃろうから、せめて、日本国中の名勝古跡《めいしょうこせき》を訪《たず》ねてみたい。しかも、居《い》ながらにして旅ができたら、どんなにすばらしいことか」

と亀屋の主人がつぶやくと……、主人は、とっくりの口から、するするっと吸《す》い込《こ》まれてしまった。な、なんと……、とっくりの中は別天地《べってんち》。天《あま》の橋立《はしだて》、松島《まつしま》、厳島《いつくしま》の日本三景《にほんさんけい》はもとより、六十余州《よしゅう》の名勝古跡をことごとく見物することができた。

大いに満足した亀屋の主人が、

「いい旅ができた。もうこれで十分じゃ」

と言ったとたん……、ころり、ころ、ころと、とっくりの口から転《ころ》げ落《お》ちておった。

そこは、東も西も、南も北も、桑《くわ》、桑、桑、桑の桑畑じゃった。

ここはどこか？　と、辺りを見廻《みまわ》しておると、幸《さいわ》いなことに村の娘《むすめ》が通りかかった。

「ここは、どこですかな？」

と、たずねると、

「ここはな、武州《ぶしゅう》八王子の宿外れ、川口村の桑畑じゃ」

と、教えてくれた。そこで、亀屋の主人は、つくづく考えたそうじゃ。

「どこまでいっても、わたしは幸せ者じゃ。大好きな旅も、思う存分に楽しめたし、気がついたら、美しい絹《きぬ》を生む、蚕《かいこ》を育てる桑畑にいた。この八王子は、これから、わたしが生活していくところに違《ちが》いない。よし、ここに住まうことにしよう。これが縁《えにし》というものじゃろう。わたしは、思う存分に、旅を楽しませてもらった。そこでじゃ、これからわたしは、この八王子に旅籠《はたご》を開《ひら》いて、旅をする人たちのお世話をさせてもらうことにしよう」

そうして、八王子の八日市宿に、とっくりを看板《かんばん》にした旅籠を開いて、甲州街道を行き交う旅人を、親切にお迎《むか》えし、温かくもてなしたので、よい評判《ひょうばん》じゃったと。

そうして、八王子の名物旅籠として、名が売れたそうじゃ。なんでも人の話じゃあな……、国定忠治《くにさだちゅうじ》やら、ねずみ小僧次郎吉《こぞうじろきち》なんぞが、泊《と》まったそうじゃ。ほかには、左甚五郎《ひだりじんごろう》、石平道人《せきへいどうじん》、十辺舎一九《じっぺんしゃいっく》、二宮尊徳《にのみやそんとく》、さらには、近藤勇《こんどういさみ》までもが、宿帳《やどちょう》に名を記してあったとか……。

とっくり亀屋の旅籠は、大いに栄えて、明治《めいじ》、大正《たいしょう》、昭和《しょうわ》の初めまで続いたそうじゃ。

とんとんむかしは、へえしまい。

とんがらし地蔵《じぞう》（本宿《ほんじゅく》）

とんとんむかし、江戸時代《えどじだい》、武州《ぶしゅう》八王子の甲州道本宿《こうしゅうどうほんじゅく》の辺《あた》りは宿場として栄え、多くの旅人《たびびと》で、それなりの賑《にぎ》わいを見せておった。

だがな、表通りを一つ裏《うら》に入っただけで、そこは裏宿というてな、もう、表の賑わいはなく、浅川の河川敷《かせんしき》の続《つづ》きでよ、土地はやせておって、与作《よさく》をはじめ、村人はみんな一生懸命働《いっしょうけんめいはたら》くんじゃが、農作物《のうさくもつ》はよう育たんで、村人の暮《く》らしはなかなか豊《ゆた》かにはならんかったと。

そんなある晩《ばん》のことじゃ。与作は夢《ゆめ》を見たんじゃ。

夢の中にお地蔵《じぞう》さまが出て来られてな、

「与作よ、与作。ようく聞け。ことしは畑にとんがらしを蒔《ま》くといい。秋にはきっと真っ赤な大きなとんがらしが、実るであろう。そうすれば、村は豊かになるであろう」

とおっしゃられると、さあっと消《き》えてしまわれたんじゃ。

与作は、ハッと目を覚《さ》まして辺《あた》りを見回したが、お地蔵さまの姿《すがた》は見えなんだ。

「ありゃあ夢かあ！　あのいつも朝な夕なにお参《まい》りしておる、禅東院《ぜんとういん》の地蔵さまに、似《に》ておったなあ」

与作は、早速村ん衆《しゅう》を集《あつ》めて、夢の中のお地蔵さまがいわれた、とんがらしを蒔く話をした。初めてだから、蒔き方なんか誰《だれ》も知らん。でもよ。お地蔵さまは、ウソはつかん。

その通りすべえって、みんなで工夫《くふう》して、なんとか種《たね》を蒔いて、手入れもしたぞ。

でもよ、ホントに実るのか、半分は心配しながら秋になるのを待《ま》っとった。

するとどうじゃ。お地蔵さまのいわれたとおり、夏の終わりには、真っ赤なみごとなとんがらしが、いっぺえ、とれたんじゃ。

みんな、もう大よろこびしてなあ、真っ先に禅東院のお地蔵さまにお供《そな》えして、

「ありがとうごぜえました」

と、深々と頭を下げたと。するとな。物識《ものし》りの爺《じい》さまが、

「このとんがらしをよ。細《こま》かく砕《くだ》いて、浅草《あさくさ》の観音《かんのん》さまで売ったら、よかんべえ」

って、教えてくれた。

そんなこってよ、与作は浅草の観音様の境内《けいだい》にとんがらしの店出したんじゃあ。

浅草の観音さまの境内にはなあ、他にもとんがらし屋が店出しとったぞ。

「さあいらっしゃい、いらっしゃい。地元浅草の七味とんがらし、うまくて、辛《から》くて辛くて、日本一じゃあ！」

するとその隣《となり》に、

「信州信濃《しんしゅうしなの》の善光寺《ぜんこうじ》、善光寺といえばそば、そばといえばとんがらし、とんがらしといえば善光寺のとんがらし、辛《かれ》えぞ、辛えぞ、日本一じゃあ！」

と、でけえ声で、叫んどる。

その隣でな、八王子の与作が、

「ええ、八王子のとんがらし、出来立てだよう。うまくて、辛いよう。日本一だよ！」

と、前を通る人々に、声かけておったんじゃ。

するとな、そこへ、とんがらしが欲《ほ》しいちゅう若もんがやって来てよう。

「みんな、日本一っていっておるがな。どこの店のが、ほんとうに日本一かわからん」

と、困《こま》っておったんじゃ。

すると、そばにいた男がな、

「ほれえ、あそこに、蕎麦屋《そばや》があるべえ。あそこへ行って、そば食って、とんがらしかけて、比べてみれば、どこのが辛くてうめえか分るんべえ！」

って言ったんだ。

そこで、三軒《さんげん》のとんがらし屋と、とんがらし買いたい若もんは、蕎麦屋に入った。

「おやじ、ざるそばみっつ」

「へいお待《ま》ち」

「おお早いな、もうできたか」

すると、最初《さいしょ》に、地元浅草の、とんがらし屋が、

「おらんとこが、初めにやってみんべえ」

って、そばにとんがらし、振《ふ》りかけた途端《とたん》に、

「はっ、はっ、はっくしょん！」

って、でけえ、くしゃみが出てよ。

せいろのそばが、ブォワーって、
吹《ふ》っ飛《と》んでしまった。

「ほうれみろ、おらんところが、
いちばん辛くてうめえ証拠《しょうこ》だ。

もうやらんでもいい」

「いやいや、まだ分らん」

そういって、善光寺のとんがらし屋が、
二つ目のそばにとんがらしかけた、その途端に、

「はっくはっく、はっくしょん」

って、もっとでけえ、くしゃみが出てよう。

膳《ぜん》の上のそばは、せいろごと箸《はし》も、箸立ても、茶碗《ちゃわん》も、
みいんなババーンと、すっ飛んでしまったんじゃあ。

善光寺のとんがらし屋は、ニコニコしてよ。

「ほうれ、これで決まりだんべえ」

八王子の与作は、遠慮気味《えんりょぎみ》によ。

「まあ、おらんとこのも、念《ねん》のためにやってみんべえ」

って言って、ぱっぱっって、とんがらしかけたぞ。

そうしたればな、

「はっはっはっ、はくはく、はくしょん」

って、ものすげえ風が起《お》こってよう、膳は丸ごと、向こうの膳も、店にいた他の客《きゃく》も、店の親父《おやじ》も、みいんなみいんな飛ばされて、何処《どこ》かへ行ってしもうたんじゃあ。

この噂《うわさ》がな、瞬《また》く間に浅草界隈《かいわい》に広まったもんだから、もう与作の店には長蛇《ちょうだ》の列。八王子与作のとんがらしは、売れに売れてたちまち売り切れて、慌《あわ》てて八王子に取りに戻《もど》ったりして、大わらわじゃった。村に戻った与作たちは、禅東院のお地蔵さまにとんがらしを供えて頭を下げ、お礼をしたということじゃ。

そして、次の年もまた次の年も、とんがらしはいっぺえできて、いっぺえ売れて、村の暮らしは、どんどん豊かになったということじゃ。

「これもあの地蔵さまのお蔭《かげ》じゃ」

と言うて、禅東院のお地蔵さまは、誰いうとなくとんがらし地蔵とよばれるようになってな、毎年十月には、とんがらし祭りをするようになったと。

このとんがらし、ただ薬味《やくみ》というだけじゃあなくって、滋養強壮《じようきょうそう》にも役立《やくだ》つちゅう話だ。

とんとんむかしは、へえしまい。

猫石《ねこいし》（恩方《おんがた》）

とんとんむかし、高尾のお山の峰《みね》つづきの里に、真福寺《しんぷくじ》という古いお寺があったと。お寺の和《お》尚《しょう》さまはいつもニコニコして優《やさ》しい人だったもんで、村のみんなから好《す》かれ、慕《した》われとった。

この和尚さまは、猫《ねこ》が大好きでな、長いこと寺で白い猫を飼《か》っとった。そうしたら、この猫が長生きしてなあ、三十年ほども生きとって、堂々《どうどう》とした古猫になったそうじゃ。

さて、ある年のこと、村の爺《じい》が寺を訪《たず》ねて声をかけた。

「ちょっくら、お頼み申します」

すると、和尚さまの姿は見えなんだが、

「何じゃな、言うてみい」

と、いつもの和尚さまの声がした。玄関《げんかん》の間には、隅《すみ》っこの方に座布団《ざぶとん》が何枚も重ねてあってな、その上に古猫が眠《ねむ》っておるだけじゃった。

「へえ、江戸へ出稼《でかせ》ぎに行っとる倅《せがれ》から手紙が届《とど》いたもんで、いつものように、読んでくだされ」

と、爺が頼んだ。すると、

「ばかたれ！　だれが読んでなんかやるもんか。自分《じぶん》の手紙は、自分で読め……」

と、けんもほろろの返事に、爺はびっくりして逃《に》げ帰《かえ》った。けんどな、爺は歩きながら、

「おかしいなあ。いつも怒らんのに、今日に限《かぎ》ってどうしたんじゃ？」

と、ぶつぶつ呟《つぶや》きながら帰ったと。

それから何日かして、村の婆《ばあ》がやって来て、声をかけた。

「ちょっくら、はあ、お頼み申します」

「なんじゃな、言うてみい」

和尚さまの声じゃった。

「はあ、甲府へ嫁《よめ》にやった娘《むすめ》に手紙を出したいもんで、また、いつものように、書いてくだされ」

婆が頼むと、

「ばかたれ！　だれが書いてなんかやるもんか。自分の手紙は自分で書け」

と、けんもほろろ……。

婆はしょぼんとして、

「いつも怒らんのに、どうしたんじゃなあ？」

と、独り言を言いながら帰ったと。

こんなふうに怪《あや》しいことがしばしば続《つづ》いた。

今度は、村の若い衆《しゅう》がやってきて、年寄《としよ》りが病気《びょうき》を苦《く》にして、メソメソして困《こま》るから、元気づけてくれろ、と頼んだら、

「そんなあまったれは、ほっときゃあそのうち黙《だま》るじゃろう」

と、冷たい返事じゃった。

村の嫁《よめ》がやってきて、赤ん坊の夜泣《よな》きがひどいもんで、虫封《むしふう》じをしてくれろと頼むと、

「そんな餓鬼《がき》は、泣くたんびに尻《しり》をまくってぺんぺんひっぱたいとけ」

と、むちゃくちゃなことを言う。夫婦者《めおともん》が、けんかの仲裁《ちゅうさい》を頼むと、

「夫婦のことじゃ。お互い何をやってもかまわん。すきにやれ」

なんて、役にも立たん返事をした。

おかしい、どうも、へんだ……と、村の衆も和尚さまも、みんなあやしいと思ってな、よくよく調べてみたんじゃ。そうしたらな、これらのへんなことは、全部古猫の仕業《しわざ》だということが分かったと。

〝金華《きんか》の猫は、三年で能《よ》く人を迷《まよ》わすというが、真福寺の古猫は年をとって、妖力《ようりょく》を得た〟

と、いうことが分かって、村の衆も和尚さまもびっくりした。

むかしから、

〝お寺では猫を飼《か》ってはいかん〟

といわれたもんじゃ。けどな、仏さまの前には供物《くもつ》といって、うまそうなご馳走《ちそう》が供《そな》えられておる。そのご馳走をこっそり盗《ぬす》むもんがおるんじゃ。みんなが寝静《ねしず》まってシーンとしたころ、ソロソロ、チュチュとねずみがやって来て、さあ、獲《と》るゾ！　と、いう時、

「ミャアー」

と、ひと鳴《な》きすれば、ねずみはあっという間に逃《に》げ散《ち》る。

やっぱり猫は役立つ。だが、猫は、魔性《ましょう》の獣《けもの》でな、お経《きょう》をよく覚《おぼ》えるんじゃと。お経はな、あの世とこの世を結ぶ大切な言葉じゃ。お経を覚えた猫は、だんだん魔力《まりょく》を持つようになってな、人間の言葉までも分かるようになるんじゃと。

古猫がさんざんに悪さをするもんで、みんな困《こま》りきってしまった。

「これ以上悪さがすすんだら、災《わざわ》いや恐《おそ》ろしいことが起《お》きるじゃろう」

と、心配した。そんな折、一人の旅の坊さまが真福寺を訪《おとず》れた。和尚さまも、村の衆も、みんなで古猫の怪しい様子を話して、

「どうぞ、お坊さまの御徳《おんとく》の力で、猫の魔性を懲《こ》らしめてくだされ」

と、お願いした。旅の坊さまは、

「わかりもうした。やってみましょう」

と、言うと、

「絶《ぜつ》！」「喝《かつ》！」

と、天に通ずる声で、法力《ほうりき》をかけられた。すると、たちまち、古猫は石と化してしまった。

その後、石と化してから、心を改《あらた》めた古猫は、みんなの願いを聞く〝占い石〟になってな、その占いが良く当たって、近在《きんざい》で評判《ひょうばん》になったそうじゃ。

とんとんむかしは、へえしまい。

婆《ばあ》さまと狼《おおかみ》（小比企《こびき》）

とんとんむかし、小比企に村の衆《しゅう》が〝おもて〟と呼《よ》んでいる家があったと。

この〝おもて〟の家では、代々太《ふと》っ腹《ぱら》の者が必《かなら》ず一人はおって、続《つづ》いてきたんだと。何代目かよくわからんが、えらく度胸《どきょう》のいい、それでいて心根《こころね》の優《やさ》しい婆《ばあ》さまがいたそうじゃ。

ある時、家の前の常口《じょうぐち》の所で、狼《おおかみ》が前足で口の端《はた》あ引《ひ》っ掻《か》きながら、ゲッケ、ゲッケ、ゲッケと苦しそうにしていたと。

それを見た、婆さまは、

「何でえ、骨《ほね》でもつっかえただかよう。しょうがねえ野郎《やろう》だなあ。今取ってやるでじっとしてろや」

と言いながら、狼の口の中深く手を突《つ》っ込《こ》んで、ひっかかっている骨を取ってやったんだと。

するってえとな、幾日《いくにち》か経《た》った朝、とばっくちに大きな猪《いのしし》が置《お》かれていてよ、のどに噛《か》みつかれた跡《あと》があるんでな、

「こりゃ、この間の狼の奴《やつ》が持って来てくれたんだなあ」

と、近所の衆《しゅう》と皆《みんな》で喜《よろこ》んで食ったんだと。

また暫《しばら》くたった真夜中に、表の戸を叩《たた》く音がするんで、

「誰《だれ》か出て見ろや」

と、言われた婆さまは、

「今開《あ》けるからな」

と言いながら開けてみて驚《おどろ》いた。この間の狼が、尻尾《しっぽ》で戸を叩いて起《お》こしていたんじゃ。

狼は、また口の端引っ掻き、

「ぜひ、取ってくれろ」

ちゅうてるようじゃった。婆さまは、家の者に、

「よしゃあ、いいじゃねえか」

などと言われながらも、又《また》取ってやったんだと。


でも、骨を取ってもらった狼は、ちっとも帰《けえ》ろうとしねえんじゃ。よく見るとげっそりとやせ細っておった。

婆さまは、狼の口ん中を見てみたと。

「こりゃー、どこで骨がつっかえただかよう。これじゃ幾日も物食えなかったんじゃねえか。かわいそうに。待《ま》ってろや。ちっとんべえ食う物をやっかんな」

と言って、ゆんべの残り物をみんな出して、食わしてやったんだと。


腹いっぱい食った狼は、帰ろうともせず、まだ家の者の方を見て尻尾を振《ふ》っていたと。

「何でえ、この野郎は、まだ食い足んねえのかなあ」

と、爺《じい》さまがいったんじゃ。

「あんな、狼は、毎晩《まいばん》、何十里も先の海に跳《と》んで行ってよう、塩水飲《の》まなきゃ生きてられねえんだとよう」

と、婆さまが言ったんで、

「ほんだなあ、ほんだ、ほんだ」

と、家の者が塩水だしてやったら、ぺろりと飲んじまったと。それからは毎朝のように、雉《きじ》だの、兎《うさぎ》だのの獲物《えもの》がとばっくちに置かれるようになってな、〝おもて〟の家では、塩水を出してやる毎日が続いたんじゃと。そして、しめえには昼間から狼が来てよ、でえの前《めえ》などで、ヒガナ、ヒジュウ、ヌクトバリして、うつらうつら眠《ねむ》っとったと。

婆さまが八王子宿へ使いにでも出ればよ、尻尾を振りながら後をついて歩いたんじゃと。そんな時、婆さまは、帰り道センジッカラなど買ってやり、歩きながら、ポツリ、ポツリ落《お》としてやると、それを器用に拾《ひろ》ってな、狼が喰《く》いながら婆さまの後ろを尻尾を立てて歩いていたということだいね。何とも、度胸の据《す》わった婆さまがいたもんじゃ。


とんとんむかしは、へえしまい。

※聞き取り　村下要助　再話

華川《はなかわ》の泣《な》き地蔵《じぞう》（大楽寺《だいらくじ》・現泉町《げんいずみちょう》）

とんとんむかし、元八王子の大楽寺村に一本榎《いっぽんえのき》といわれた大きな榎の木が立っておったそうじゃ。その木の根元にかわいらしい地蔵《じぞう》さまがおられてなあ、村の人たちは、みんな〝一本榎の地蔵さま〟と呼んで、この地蔵さまが大好《だいす》きじゃったと。

喜作《きさく》さんも源兵衛《げんべえ》さんも、朝、野良《のら》へ行く時は、地蔵さまに寄《よ》って挨拶《あいさつ》をし、夕方にも又《また》挨拶をして家に帰った。お六ばあさんは、おにぎりを作って一個お供《そな》えし、子供《こども》たちは、野の花を摘《つ》んであげたんだと。

そしてみんなが、一本榎の地蔵さまと呼《よ》んで、家族のように仲良しじゃった。

地蔵さまも、村の人たちが大好きじゃった。村中のみんながいい人たちだから、みんな幸《しあわ》せで仕事がしっかり出来て、病気《びょうき》もしねえで、怪我《けが》もなくて暮《く》らせればいいなあと思っておられたそうじゃ。

ところが、ある年ぜんぜん雨が降《ふ》らない年があったそうじゃ。

村の人たちは大変困《こま》ったと。田圃《たんぼ》はひび割《わ》れて稲はしおれ、畑はバッサバサ、畑の野菜もしおれてしまった。

「こんなふうじゃ、今年の作柄《さくがら》は、どうなってしまうんだろう」

村の人たちが庄屋《しょうや》さんの家に集《あつ》まって、智恵《ちえ》を絞《しぼ》ったが、なかなかいい考えは出て来なかったと。

そんな時じゃ、一人の若者《わかもの》がふとこんなことを言ったと。

「こうなったら、一本榎の地蔵さまに頼むより仕方がないなあ」

それを聞いたみんなが、

「そうじゃそうじゃ、肝心《かんじん》の村の地蔵さまを忘《わす》れておったわい」

「そうじゃそうじゃ、一本榎の地蔵さまに、雨乞《あまご》いに行こう」

そして、村人こぞって、地蔵さまにお参《まい》りに行ったんじゃ。

お参りされた地蔵さまは、みんなが困っている時に頼りにされたので、心から喜んだと。

とはいっても、この地蔵さまは、子授《こさず》けや子育てには、大層《たいそう》御利益《ごりやく》があったが、雨乞いとなると、そのご利益は、いま一つというところじゃった。

「こんな私に願いを寄せてくれる、村人たちの力になってあげたいが、私の力ではどうすることも出来ない。私は一体どうしたらいいんだろう」

地蔵さまは、村の人たちにすまない気持ちで、いっぱいになったんじゃと。

やがて夜になった。

雨が降らないから、空は満天の星ばっかりじゃ。

星がきれいすぎるほど、きれいじゃった。

「こんなに星空がきれいだと、明日も雨は降らないだろうなあ。雨が降らなければ、村の人たちは困るだろうなあ」

地蔵さま悲しくなって、涙を一つポロッと流された。すると、地蔵さまの石のお体がかけて、東の空にすうっと星が一つ流れたそうじゃ。

「雨降ってくれれば、村の人たちは助かるのに、雨降ってくれればいいなあ」

また一つポロッと涙を流した。すると、地蔵さまの石のお体がまたかけて、西の空にすうっと星が一つ流れたと。

「雨降ってくれればいいなあ」

地蔵さまが涙流すたんびに、石のお体がポロッとかけて、沢山《たくさん》の流れ星になって、空一面に飛《と》んで行ってしまったと。

翌朝《よくあさ》、村の人たちは、

「夕べはやけに流れ星が飛んでいたなあ」

「そういえば、おいらも見たぞ」

などとはなしながら、一本榎のところまで来て、びっくりしたんじゃ。

昨日《きのう》までかわいいお顔の地蔵さまが、立っておられたその場所に、地蔵さまのお姿がなかった。よくよく見ると、地蔵さまが、おられたその場所に、小さな泉《いずみ》が出来ていて、美しい蓮《はす》の花が一輪咲《さ》いておった。

小さな泉は、こんこんと湧《わ》いて、その水が流れて流れて、川になっておった。

それが華川《はなかわ》じゃ。

一本榎の地蔵さまは、村人たちの願いを何とか叶《かな》えてあげようと、その身にかえて、村に豊《ゆた》かな水をもたらしてくださったのじゃ。

その年の日照《ひで》りは、それからしばらく続いたが、地蔵さまの泉は涸《か》れる事もなく、作物をうるおし続けたそうじゃ。

そして、夏になると、華川には、蛍《ほたる》が沢山飛び交い、蛍の名所となったそうじゃ。

「あの蛍はなあ、一本榎の地蔵さまの涙から出来た流れ星の生まれ変わりじゃ」

と言って、村の人たちは、蛍を大切にしたということじゃ。

とんとんむかしは、へえしまい。

鼻《はな》取《と》り如来《にょらい》（大横町《おおよこちょう》）

とんとんむかし、武州《ぶしゅう》八王子の大横町に、宝樹山極楽寺《ほうじゅさんごくらくじ》というお寺があると。

ここのご本尊《ほんぞん》の阿弥陀如来《あみだにょらい》さまは、ちいっとめずらしいお顔の仏さまでな、唇《くちびる》が開《ひら》き歯《は》が見えていて教えを説《と》いておいでになるような、にっこり笑《わら》っておいでになるようなお顔なのでな、別名を歯ふき如来さまとか、にっこり如来さまと呼《よ》ばれておったと。

さて、これから話すお話は極楽寺が、元八王子に有った頃《ころ》のお話じゃ。

この歯ふき如来さまは、もとは元八王子の妙観寺《みょうかんじ》におられた仏さまじゃと。ある晩《ばん》、妙観寺の和尚《おしょう》さんが夢《ゆめ》を見た。三回も同じ夢を見たと。

「われを極楽寺に移せ」

という阿弥陀如来さまの夢じゃ。

不思議《ふしぎ》じゃなあと思っていたら、同時に極楽寺の和尚さんも夢を見たんだと。

「われは妙観寺におる阿弥陀如来じゃ。われを極楽寺に移せ」

という夢じゃ。

二人の和尚さんが相談《そうだん》してな、真言宗《しんごんしゅう》と浄土宗《じょうどしゅう》でご宗旨《しゅうし》は違《ちが》うんじゃがな、

「如来さまのお告《つ》げであれば」

と言うことで、妙観寺さんがゆずり、極楽寺に移されたということじゃ。

この阿弥陀如来さまは、霊験《れいげん》あらたかで、
てえへんなご利益《りやく》がいただける仏さまだといわれておってな、
特にお年寄《としよ》りにはご利益があったということじゃ。
　年を重ねるにしたがい、足腰《あしこし》が弱くなったり、
歯や耳など、不自由なところが出てくるのじゃがな、
なにより毎日が穏《おだ》やかに過ごせるように、
ご利益をくださるそうじゃ。
　さて、題名《だいめい》の鼻取《はなと》りという言葉じゃがな、
これは農作業の一つで、一人でするときには、
牛や馬の後ろから農具を操《あやつ》りながら、長い紐《ひも》で合図をして、
牛や馬を誘導《ゆうどう》するんじゃと。
　ところで、立派《りっぱ》な極楽寺には、寺を維持《いじ》するための、
田んぼや畑が沢山あったと。
寺男たちも大勢《おおぜい》おったんだがな、寺の用事が多いと出払《ではら》って、
田や畑の仕事が出来ずてえへん困《こま》っとったと。
　そんなときじゃ、男の子がやって来て、和尚さんに、
「田おこしするから、馬を一頭借《か》りておくれ、川向こうの白い馬がいい」

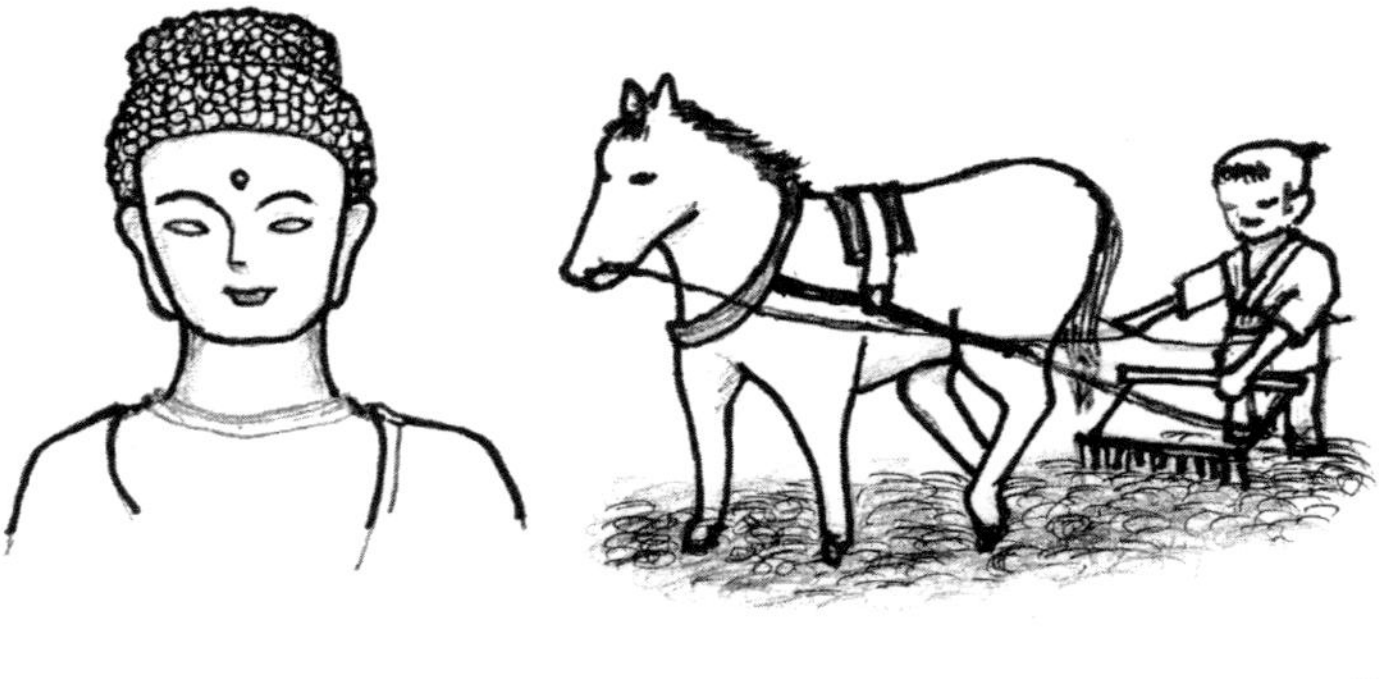

と言うんじゃ。

和尚さんが、その白い馬を借りてくると、男の子は、馬の鼻取りをして、田畑を耕《たがや》し、なんと一日のうちに、全部耕してくれたということじゃ。

和尚さんはたいそう喜び、お礼をしようとして男の子を捜《さが》したんじゃがな、見つからんかったと。さんざん捜して、捜して、捜したところ、点々と泥《どろ》の足あとがついておるので、見ると、ご本尊の阿弥陀如来さまの所までついておったと。それに、阿弥陀如来さまの衣の裾《すそ》が、泥で汚《よご》れておったということじゃ。

「あれよう、田畑の仕事をしてくださったんは、阿弥陀如来さまだったんじゃなあ。地蔵さまや阿弥陀如来さまは、農業に対する思いが厚《あつ》いといわれておるが、有難《ありがた》いことじゃ」

と、和尚さんは多いに感謝したと。

それからじゃ、村の人たちも、この阿弥陀如来さまを鼻取り如来さまじゃ、鼻取り如来さまじゃと呼《よ》んで、ますます信仰《しんこう》を厚くしたということじゃ。

この阿弥陀如来さま、妙観寺におられた時にも、鼻取りをしたということじゃぞ。

みんなが忙《いそが》しく働《はたら》いておると、仏さまも一緒になって、働いて下さるというお話しじゃ。

とんとんむかしは、ありがたこっぷり、へえしまい。

日野《ひの》っ原《ぱら》の鬼婆《おにばば》（日野《ひの》）

とんとんむかし、大和田村から豊田村へ抜《ぬ》けるあたりは、広い野っ原で、日野《ひの》っ原と呼《よ》ばれておった。見渡《みわた》す限《かぎ》りに草がザーッとはえて、家一軒《いえいっけん》もない寂《さび》しいところじゃった。

その日野っ原には、月の晩《ばん》になると、おそろしい人喰《ひとく》いの鬼婆《おにばば》（月の鬼婆《つきのおんば》）が現《あらわ》れるといわれておった。何も知らぬ旅人《たびびと》が、月夜をいいことに通りかかると、鬼婆があらわれ、食い物をねだり、しまいには命までも欲《ほ》しがったそうじゃ。

ある時、大和田村の嫁《よめ》さんが赤《あか》ん坊《おう》をおんぶして、豊田村の実家まで出かけたと。久しぶりにおっかさんやおとっつあんに会って、つもる話についつい長居《ながい》をしてしまい、夕方になってしまった。

あわてて帰《かえ》ろうとすると、家の者が、

「今夜は、月の晩で、日野っ原には人喰い婆が出るから泊《と》まっていけや」

と言ってひきとめた。

それでも嫁さんが、

「どうしても帰らねば……」

と、言うもんで、家のものは仕方なく、土産《みやげ》に饅頭《まんじゅう》と魚の干物《ひもの》と小豆《あずき》をもたせ、

「気をつけていけよ」

と、送り出した。

嫁さんは、赤ん坊をおぶって、土産を持つと急《いそ》いで実家を出た。

何とか日の暮《く》れないうちに、日野っ原をとおりすぎようと急いだが、日野っ原の中ほどまで来たところで、とっぷりと日が暮れてしまった。

青白い月の光が、日野っ原の道をずっと照《て》らしていた。嫁さんは、道を急いだ。

すると、月に雲がかかって、あたりが暗くなったんじゃ。草むらの中に黒い影《かげ》が動いて、嫁さんの目の前に、白い髪《かみ》をザンバラにふりみだし、血走った目で、でっかい赤い口が耳まで裂《さ》けた鬼婆が現れた。嫁さんがおったまげて逃《に》げ出《だ》すと、鬼婆は、

「食いもんよこせ、饅頭よこせ」

と恐《おそ》ろしい声をあげて、嫁さんを追いかけて来た。

今にも追いつかれそうになった嫁さんは、

「それーっ、饅頭じゃ」

とグーンと、後ろにほうり投げた。

鬼婆は、バラバラと地べたにころがった饅頭を拾《ひろ》っては食い、拾っては食い、むしゃむしゃとたちまち喰《く》いつくした。

そして今度は、

「魚よこせ」

と恐ろしい声でまた嫁さんを追いかけて来た。

嫁さんはまた追いつかれそうになって、急いで魚の干物を、

「それーっ、魚じゃ」

と言って、バラバラと後ろに投げた。

鬼婆は、魚の干物を拾い拾い、
バリバリガツガツとたちまち食いつくした。

「もっとよこせ、こんどは小豆よこせ」

と、恐《おそ》ろしい声でまた嫁さんを追いかけて来た。

嫁さんはまた追いつかれそうになったので、

「それーっ、小豆じゃ」

と言って、小豆をバラバラと撒《ま》いて逃げた。

すると、鬼婆は、なんと、長い舌《した》を出して、ペローリ、ペローリとすくいとり、たちまち食い尽《つ》くしてしまった。そして、

「こんだあ、赤子《あかご》よこせ、やあらかい赤子食わせろ」

と、恐ろしい声をあげて追いかけて来た。

嫁さんは、赤子取られちゃたまんねえ、必死《ひっし》になって逃げたけんど、もうずっと駆《か》けどおしで、足がもつれ、ころんでしまったと。もうもう息《いき》もたえだえで、とうとうそこへ、へたりこん

で動けなくなってしまったと。鬼婆は恐ろしい声で、

「赤子よこせ」

と、どんどん近づいてきた。嫁さんがもう駄目《だめ》だと思った時、どこからか、

「ほうれ、ほうれ」

と声が聞こえた。ちょうどそん時、今まで雲に隠《かく》れていた月があらわれて、道ばたの小さなお地蔵さまを照らしだした。そうしてそのお地蔵さまがよ、

「ほうれ、ほうれ」

と自分のことを指差《ゆびさ》したんだと。嫁さん、はっと気が付いて、お地蔵さまが、

〝わしをほうれ〟

と言って下さっているのだとわかり、急いで手合わせ、お地蔵さまを抱《かか》えて、

「そうれ、赤子じゃ」

と、言って、鬼婆めがけてグーンと放り投げた。鬼婆は、それっとばかりに、でっかい真っ赤な口を開け、パックリと一飲みで、飲み込んでしまったんじゃ。

するとどうじゃ、とたんに鬼婆の姿は、黒い真っ黒な煙《けむり》となり、消《き》えてしまった。

お地蔵さまが身代わりとなって、助けて下さったんじゃ。

それからというもの、日野っ原に鬼婆が出るちゅう話は、とんと聞かれんようになったんだと。

とんとんむかしは、へえしまい。

笛《ふえ》の彦兵衛《ひこべえ》 (小宮《こみや》・粟之須《あわのす》)

とんとんむかし、滝山城《たきやまじょう》の城主であった北条氏照《ほうじょううじてる》さまと、いつもその傍《かたわ》らにおられた、彦兵衛《ひこべえ》どのの話じゃ。

この氏照さまは、武将《ぶしょう》としても大変ご立派《りっぱ》なお方じゃったがな、同時に学問や芸術《げいじゅつ》の道でも、大層秀《たいそうひい》でた才能《さいのう》をお持ちだった。

中でも、横笛《よこぶえ》には大変興味を持たれておって、その技《わざ》は素晴らしかった。

氏照さまは、〝大黒《だいこく》〟と銘打《めいう》った笛を持っておられた。この〝大黒〟はな、後に天下を取られた徳川家康公《とくがわいえやすこう》がお持ちの〝獅子《しし》〟と並んで、最高《さいこう》の笛と誰《だれ》もが認《みと》めておったんじゃよ。

そしてな、この氏照さまに笛を教えるために、はるばる京から下って来られたのが、浅尾《あさお》彦兵衛どのじゃった。

お二人はな、ただ、師匠《ししょう》、弟子《でし》というのではなく、ご一緒《いっしょ》に仲良く笛の技を磨《みが》かれた。

それだけではなく、人としての心をも磨かれたと語り伝えられておる。

戦《いくさ》のない穏《おだ》やかな弥生《やよい》三月頃《ごろ》、ご城下の梅坪《うめつぼ》の里で宴《うたげ》が催《もよお》された。そんな時に、いつでも、この氏照さまと彦兵衛どのが横笛を奏《かな》でられた。お二人の息《いき》のあった美しくも気高い音色は、集まった多くの人々の心をよわせたということじゃ。

ところがな、穏やかな時はいつまでも続《つづ》かなかった。

永禄《えいろく》十二年というから、今からおおよそ四百三十年ほど前のことじゃ。甲斐《かい》の武田勝頼《たけだかつより》率《ひき》いる二万とも三万ともいう軍勢《ぐんぜい》が滝山城を襲《おそ》った。

氏照さま率いる滝山軍も必死《ひっし》に防戦《ぼうせん》し、それはそれはものすごい戦《いくさ》になったんじゃ。

だがな、この激《はげ》しい戦いの中でも氏照さまはな、いつも、この〝大黒〟を腰《こし》から離《はな》すことはなかったと。

やがて数の上で圧倒的《あっとうてき》に多い武田軍に苦戦《くせん》を強《し》いられるようになった。そんな中、氏照さまは、この〝大黒〟が万が一にも傷《きず》つき折れでもしたら大変と思い、悩《なや》んだあげく〝大黒〟を腰から外して、最も信頼している彦兵衛どのに預《あず》けることにしたのじゃ。

だが、ますます苦戦を強いられたこの戦、とうとう普段《ふだん》は戦場には出ない、笛をお預かりした彦兵衛どのも、戦場に駆《か》り出《だ》されることとなった。

大活躍《だいかつやく》され、戦場を駆け回っておったのじゃが、ハッと気づいた時には、時すでに遅《おそ》し、あのお預かりして腰に結《むす》んでいた大切な〝大黒〟が、袋《ふくろ》の中で真っ二つに折れてしまっていた。

彦兵衛どのは、真っ青になってしまった。

「大変なことをしでかしてしもうた。わしを信じて、お預け下さったのに……、何としても、氏照さまにお詫《わ》びをせねば……、いや、お詫びのしようがない……、かくなる上は、死んでお詫びを……」

と覚悟《かくご》を決められ、天を仰《あお》いだんじゃ。丁度《ちょうど》その時じゃった。

野辺《のべ》の風がサヤサヤと揺《ゆ》れて、彦兵衛どのが前を見ると、何とそこには三体のお地蔵さまが姿《すがた》を現《あらわ》し、立っておられた。

その真ん中の一番大きなお地蔵さまが、

「彦兵衛よ、死ぬるはいつでもできること。先は、粟之須《あわのす》村の東福寺《とうふくじ》の観音堂《かんのんどう》に祀《まつ》られておる、十一面観音菩薩《じゅういちめんかんのんぼさつ》に祈願《きがん》せよ」

と、告《つ》げられたんじゃ。

彦兵衛どのがさらにお地蔵さまを見つめようとすると、またサヤサヤと風が吹き、お地蔵さまの姿は消え、見えなくなったのじゃ。

このお地蔵さまはな、お手引き地蔵さまといわれる地蔵さまじゃった。

彦兵衛どのは、急いで東福寺の観音堂を訪《おとず》れて、真っ二つに折れた〝大黒〟を丁寧《ていねい》に紫《むらさき》の袱紗《ふくさ》に包み、観音様のお膝元《ひざもと》におさめると、観音堂にこもり塩を断《た》って一心に祈願《きがん》されたそうな。

そして、三七《さんしち》、二十一日目の朝。

いよいよ満願成就《まんがんじょうじゅ》の日を迎《むか》えたのじゃ。

すると、今まで表情を変えることのなかった観音様が優しく微笑《ほほえ》まれて、

「彦兵衛の願い聞き届《とど》けた」

とにこやかに告げられたのじゃった。

彦兵衛はよろこんで、急いで袱紗《ふくさ》を解《と》いてみると、見事に美しい元の〝大黒〟が寸分違《すんぶんたが》わぬ姿

になって出て来たではないか。

彦兵衛は、涙《なみだ》を流《なが》してよろこんだ。

だが、氏照さまにはお詫びをせねばなるまいと、お咎《とが》めを覚悟《かくご》で氏照さまを訪ねたのであった。そして、その一部始終《いちぶしじゅう》を正直に申し上げた。

氏照さまは咎めるどころか、

「これはありがたいことである。これ程の吉兆《きっちょう》はない。神仏に守られ、この戦、我《われ》に勝利あらん！」

と先頭に立って武田軍に突《つ》っ込《こ》んで行かれた。

果《は》たして、二万とも三万ともいわれた、武田軍をけちらし、滝山《たきやま》から、追い落とすことができたのじゃった。

後に氏照さまは、
浅尾彦兵衛に〝笛〟という姓《せい》を授《さず》けられた。

彦兵衛は〝笛の彦兵衛〟と名乗り、
東福寺近くに沢山の領地《りょうち》を与えられたと伝えられておる。

そして、あの観音様も〝笛継観音《ふえつぎかんのん》〟と、
呼《よ》ばれるようになったということじゃ。

それから二十余年の歳月《さいげつ》が流れ、滝山城よりは、より堅固《けんご》な城ということで、新たに八王子城が築《きず》かれたんじゃ。

天正十八年（一五九〇）、あの関ヶ原《せきがはら》の十年前じゃが、氏照さまが本城である小田原城に援軍《えんぐん》のため出向かれ留守《るす》にしていたとき、八王子城は落城《らくじょう》の運命《うんめい》をたどった。

その時、燃《も》え落《お》ちる城の本丸で彦兵衛どのは、

「これより後、笛のお相手叶《かな》わぬことゆえ、今生《こんじょう》の最後のつとめ……」

と、小田原の氏照さまに届けとばかり笛を吹き続けられた。

その美しくも気高《けだか》く、そしてもの哀《がな》しい調べは、城の焼け落ちた後もいつまでもいつまでも聞こえていたという。

とんとんむかし、へえしまい。

松姫《まつひめ》さまの糸毬《いとまり》ゆらり（台町《だいまち》）

とんとんむかし、今の台町三丁目にある信松院《しんしょういん》というお寺は、戦国武将《せんごくぶしょう》・武田信玄《たけだしんげん》の姫君《ひめぎみ》である松姫《まつひめ》さまが開《ひら》いたものと伝えられておると。松姫さまは、一五八二年に武田家が滅《ほろ》ぶと、追手《おって》をのがれて、恩方《おんがた》まで落《お》ち延《の》びてこられたそうじゃ。

遠くに見えるお寺の名を聞くと、心源院《しんげんいん》といわれ、姫は、はらはらと涙《なみだ》を流《なが》されたと。父君の信玄と、読み方が同じだったからじゃ。

そして、心源院にお世話になることにしたそうじゃ。

それから心源院の卜山和尚《ぼくざんおしょう》の厳《きび》しい修行《しゅぎょう》のもとで、髪《かみ》を下ろし尼僧《にそう》になったそうじゃ。

或《あ》る日、松姫さまは、夢《ゆめ》を見たと。観音様《かんのんさま》が現《あらわ》れて、

「これからは一人で、庵《いおり》で暮《く》らし、尼僧としていきなさい」

と、告《つ》げられた。

そこで、御所水《ごしょみず》の里に庵を結《むす》ばれた。その後、今の信松院に移《うつ》られて、生涯《しょうがい》を静《しず》かに送られたそうじゃ。

庵での暮らしは貧《まず》しく、畑を耕《たがや》し野菜を作り、蚕《かいこ》を飼《か》って繭《まゆ》を作り、糸を紡《つむ》いで機《はた》を織《お》り、反物《たんもの》を売って、暮らしたということじゃ。

さて、八王子の在《ざい》に一人の機織り娘《むすめ》がおったと。その娘はとっても熱心《ねっしん》に、機を織るんじゃ

が、どうも不器用《ぶきよう》で、良い反物が織れなかったと。

或る時の事、いつものように、呉服屋《ごふくや》の小僧《こぞう》さんが、出来上がった反物を取りに来た。

娘は反物を渡《わた》してから、

「もっと腕《うで》を上げれば、沢山お金がもらえるだろうに……」

と愚痴《ぐち》をこぼしたそうじゃ。

するとと小僧さんは、

「松姫さまというお方が、尼《あま》さんになって庵を結んでおられるそうじゃが、なんでも、たぐいまれな、機織りの技《わざ》を持っておられるとか、一度、秘《ひ》けつをうかがってみては」

と、教えてくれたと。

娘は、〝腕が上がれば〟と、庵を訪《たず》ねてみることにしたそうじゃ。

松姫さまのところへ来た娘は、

「どうしたら上手に織れるのか、教えて下さい」

と頼んだ。

するとと松姫さまは、微笑《ほほえ》みながら、

「私が大切にしている糸毬《いとまり》をあげましょう。これを機に吊《つ》るして、織ってみなさい」

と言って、糸毬をくださったと。

娘は、早速糸毬を自分の機に吊るし、織ってみた。

トントンカラリ、トンカラリ、
トントンカラリ、トンカラリ、
織り始めると、吊るした糸毬が揺《ゆ》れ出《だ》した。

娘がその動きに合わせて織ると、どうしたことか、いつになく滑《なめ》らかに織れたと。

そして、いつのまにか立派《りっぱ》な反物が出来上がったそうじゃ。

その後、娘は糸毬を大切なお守りにして、次から次へと、素晴らしい反物を織り上げていったということじゃ。

トントンカラリ、トンカラリ、とんとんむかしは、へえしまい。

ムジナの坊《ぼう》さま（柚木《ゆぎ》）

とんとんむかし、柚木《ゆぎ》の中山に、一人の旅《たび》の坊《ぼう》さまがやって来た。夕暮《ゆうぐ》れ時のことで、村の家の戸口に立つと、

「わしは、鎌倉《かまくら》の建長寺《けんちょうじ》の托鉢僧《たくはつそう》じゃが、今晩《こんばん》、一晩泊《と》めて下さらんか」

と頼んだそうじゃ。その家の主人は、かねてから、信心深い人じゃったので、よろこんで、坊さまを泊めたそうじゃ。そして、丁寧《ていねい》にもてなした。すると坊さまは、はらはらと涙《なみだ》を流《なが》して、

「これまでの旅で、これほどに、温かくもてなしてもらったことはない。有難《ありがた》いことじゃ」

と、言って、お礼《れい》にと、その夜、水墨画《すいぼくが》を描いたものじゃ。

見事な絵で、柳《やなぎ》の木と白鷺《しらさぎ》の図じゃった。

さて……、実を申せば、この旅の坊さまは、偽物《にせもの》だったのじゃ。

建長寺のご普請《ふしん》で、末寺《まつじ》の坊さまたちが、托鉢に出る事になったが、この話を聞いた、建長寺に住みついとったムジナが、

〝わしも、一度は、托鉢というものをしてみたい〟

と思い、あろうことか、末寺の一人の坊さまをかみ殺《ころ》して、自分が、まんまとその坊さまになりすましたということなんじゃ。

そんな罪科《つみとが》を負っては、どんなに立派な坊さまの姿《すがた》をしていても、どこか怪《あや》しいものだから、

旅の先々で、だれからも、大事にされなかったもんじゃ。
それが、中山の村の家で、
温かいもてなしを受けたものだから、
よっぽどうれしかったものじゃろう。
ところで、これで話が終われば、
めでたいことなのじゃが、そうはいかんかった。
ムジナの坊さまは、一度は悔《く》い改《あらた》め、
人の温かさに触《ふ》れて、罪科を恥《は》じたのだが……、
それも一時《いっとき》、ムジナはムジナで、
〝これほどに信心深いなら、たんまりとご喜捨《きしゃ》をいただいて行こう〟
と腹の中で考えたそうじゃ。
その悪い心が災《わざわ》いして、その晩、風呂をよばれた時、つい尻尾《しっぽ》を出してしまった。
それでな、その家の飼《か》い犬に、かみ殺されてしまったそうじゃ。なんとも、因果応報《いんがおうほう》というものじゃろうて……。
ムジナの哀《あわ》れさをいたんで、主人は懇《ねんご》ろに葬《ほうむ》ったということじゃ。
さて……と、ムジナの坊さまが描いた絵は、今も村の家にあるといわれておると。

とんとんむかしは、おかしなことよ、へえしまい。

厄投《やくな》げ長者《ちょうじゃ》（北野《きたの》）

とんとんむかし、北野の天神《てんじん》さまの四つ角の隅《すみ》に、道祖神《どうそじん》さまが祀《まつ》られてあった。

道祖神さまちゅうのは、目には見えんが、村境《むらざかい》をまもっとる神さまのことで、たいてい、小さな石碑《せきひ》が置《お》かれてある。この神さまは、悪い疫病《えきびょう》などが村に入らんよう見張《みは》っておられたり、他にも悪いことが村に起《お》こらんよう、守って下さっているんだと。

北野村の道祖神さまがおられる場所は、村境で、鎌倉《かまくら》に通じる道でもあり、八王子十五宿に行く道筋《みちすじ》でもあったんで、結構《けっこう》、人の往来《おうらい》があったそうじゃ。

旅《たび》に出る時は、道祖神さまに、

「二、三日出かけてめえりやすんで、留守《るす》中、家をお守りくだせい。また、わしの道中もお守りくだせえ……」

と、丁寧《ていねい》にお願《ねが》いして出掛けたもんじゃ。

北野の道祖神さまの最も大切な仕事の一つに、人々の厄《やく》を払《はら》うということがあった。

厄というのは、良くないことがおこる事なんじゃ。たとえば、家が火事になっちまったり、泥棒《どろぼう》に入られたり、悪い病気にかかったりしてな。

北野村のもんは、

「厄払いには、道祖神さまにお願いするのが一番じゃ」

と言って、何かにつけてお願いしていたそうじゃ。たいていのことは、聞き届《とど》けて下さるので、村のもんはたいそう頼りにしておった。

昔から、男の厄年《やくどし》は、四十二歳といってな。村のもんは四十二歳になると、村境の道祖神さまに、悪いことが起こらんよう、厄を背負《しょっ》っていただいていた。

自分の厄を前もって、道祖神さまに送り出してしまうんじゃ。

どうやってするかちゅうと、まず、村境の石碑の前に立ってな、

「道祖神さま、道祖神さま、この度《たび》、わしは四十二歳になりました。四十二年間病気もせんで、暮《く》らす事が出来、本当に有難《ありがと》うございました。四十二歳の大厄を迎え、道祖神さまに心からお願い申します。これからも、元気で仕事が出来、家内安全で過ごす事が出来ますよう、わしの厄を負って下さい……」

と、自分の思いのたけを、道祖神さまにもうしあげるんじゃ。そして、自分の厄を、銭《ぜに》を投げながら、追い出して、道祖神さまに負《お》っていただくんじゃが、大勢《おおぜい》の村のもんが、投げられた銭を拾《ひろ》って、厄を分け合って厄落《やくお》としをするんじゃ。

さて、北野村に、けちで評判《ひょうばん》の、弥八《やはち》という男がおったそうじゃ。

どのくらいけちかっちゅうと、お正月に、お客が来ても、正月料理どころか、お茶一杯出さなかった。それでいて、自分では、ここぞと思う家に出向き、正月の祝《いわ》い酒《ざけ》やら料理やら、遠慮《えんりょ》なくご馳走《ちそう》になってきたそうじゃ。

そんな弥八も四十二歳の厄年を迎《むか》え、
厄払いをするという話になった。
「けちな弥八が厄払いするという。
厄払いには、たくさんの人を招《まね》いて、
銭やら餅《もち》やらを投げて、拾って貰《もら》わなければなんねえが、
本当にするんだろうか。けちん坊《ぼう》の弥八が、
道祖神さまにおねげえなんぞはしねえだろう……」
と、うわさばなしをしておったと。

　ところが、村の人全員に、知らせが来たんじゃ。

「この度、わしは、四十二歳の厄年を迎《むか》えることになりました。

そこで、村のしきたりに従《したが》って、
道祖神さまに厄払いをして頂《いただ》くことにしました。

お忙《いそが》しいとは思うが、わしの厄を拾っていただきたい……」

と、書かれてあった。

「けちな弥八も厄年がこわいんじゃ。厄払いだけはしたいんじゃな。みんなで弥八の厄を拾って
やるべえ……」

と、村のもんは、みんなで村境の道祖神さまのところへあつまったんじゃ。

弥八のことをよく知っている、大人《おとな》や子供《こども》が大勢あつまった。弥八が、神妙《しんみょう》な顔をしてみんなの前に現《あらわ》れた。

「皆の衆《しゅう》、わしのために集《あつ》まって下され、すまんことです。どうか、わしの厄を拾うて下され。厄を負うて下され、道祖神さま。負うて下さった御礼《おれい》じゃ。ほーれ！　ほーれ！」

と、道祖神さまにお願いすると、弥八は景気《けいき》よく、銭を撒《ま》いたそうじゃ。

ところが、弥八の投げた銭を拾った子供が、驚《おどろ》いた。

「あれ、これ銭じゃない……」

と、叫《さけ》んだ。どれも銭に良く似《に》た、牛蒡《ごぼう》を輪切《わぎ》りにしたもんじゃった。ちょっと見たところでは、銭そっくりだったそうじゃ。弥八は、涼《すず》しい顔して、

「皆の衆、厄を拾っていただき、ありがとさん……」

というと、さっさと家に帰《かえ》っていったそうじゃ。村のもんは、

「牛蒡の輪切りで、厄が払えるのか？……」

と、心配したそうじゃ。しかし、村のもんの心配をよそに、弥八はそれからもけちに徹《てっ》し、大いに財《ざい》をなし、北野長者になったそうじゃ。年寄《としよ》りが、

「けちもとことん極《きわ》めれば、神さまも感服《かんぷく》なされたということかもしれん」

と言ったそうじゃ。

とんとんむかしは、へえしまい。

雪《ゆき》女《おんな》（美山《みやま》）

とんとんむかし、武州《ぶしゅう》は八王子の美山の山の中に、一人暮《ひとりぐ》らしのばあさまがおったと。

ある雪の降《ふ》る寒い晩《ばん》のことじゃ。ばあさまがいつものように、炉端《ろばた》で針仕事《はりしごと》をしていると、戸の外から誰《だれ》かの声が聞こえてきたそうじゃ。

〝空耳かな〟

と、ばあさまは、そう思いながら改《あらた》めて耳を澄《す》ましてみると、確かに誰かの声がするんじゃと。

それもシクシクと泣《な》く声じゃ。

慌《あわ》ててばあさまが戸を開《あ》けてみると、なんとそこには、小さな女の子が、泣きながら立っておったと。

「これこれ、一体こんな所でどうしたんじゃ。かわいそうに、寒いじゃろう。さあさあ早く中にお入り」

ばあさまは、泣いている女の子をやさしく家の中に入れてやるとな、囲炉裏《いろり》の脇《わき》に座《すわ》らせてやった。そして、温かい甘酒《あまざけ》を飲ませ、饅頭《まんじゅう》を食べさせてあげたんじゃと。

そのかいあってか、青ざめていた女の子の顔は、やがて血の気を取り戻し、元気になったそうじゃや。

でも、ばあさまが何を尋《たず》ねても黙《だま》りこくったままじゃったと。

それでも、お腹《なか》がいっぱいになったせいか、うとうとと居眠《いねむ》りをはじめたそうじゃ。

そこで、ばあさまは、

「もう、安心じゃろう」

と思い、用足しに、その場を離《はな》れたと。

ところが、ばあさまがしばらくして戻《もど》ってみると、女の子の姿《すがた》が消えておった。

「おや、あの子はどこへいったんじゃろう」

と不思議《ふしぎ》に思って外に出てみたが、もう影《かげ》も形もなく、足跡《あしあと》も残《のこ》っていなかったそうじゃ。

さて、そんな不思議な出来事があってから、幾日《いくにち》かたったある日のことじゃ。ばあさまは、隣《となり》村《むら》へ用事で出かけていった。ところがその帰《かえ》りのことじゃ。途中《とちゅう》から降《ふ》り出《だ》した雪は、いつの間にか吹雪《ふぶき》になってしまってな、風も強く、一寸先《いっすんさき》も見えないありさまじゃったと。

ばあさまが困《こま》り果《は》てていると、まるで雪の白い壁《かべ》から抜《ぬ》け出たように、一人の女の人が現《あらわ》れて、

「先日は、娘《むすめ》が大変お世話になり、有難《ありがと》う御座《ござ》いました。今度は私がお助けいたしましょう」

と言って、ばあさまの手を引き始めたそうじゃ。

ばあさまが、ふと気がつくと、もう自分の家の前だった。

振《ふ》り返《かえ》ってみたが、女の人の姿《すがた》はなく、ただただ、雪が、降りしきっていたということじゃ。

とんとんむかしは、へえしまい。

✿ 湯殿川《ゆどのがわ》の川天狗《かわてんぐ》（打越《うちこし》）

とんとんむかし、武州《ぶしゅう》・多摩郡打越村《たまごおりうちこしむら》には、湯殿川《ゆどのがわ》と呼《よ》ばれる川が村の真ん中を流《なが》れておった。

湯殿川は、小比企《こびき》の方から、長沼村の方へと、蛇《へび》のように曲《ま》がりくねって、くねくね、くねくねと流れておった。

大雨が降《ふ》ると、村中、水浸《みずみた》しとなったが、普段《ふだん》は、栄養分《えいようぶん》をたっぷり含《ふく》んだ、ゆったりと流れる川じゃった。畑の野菜や田圃《たんぼ》のお米を美味《おい》しく、美味しくしてくれる川じゃった。

打越村の大堰《おおぜき》と呼《よ》ばれた辺《あた》りは、深い藪《やぶ》だたみだったそうじゃ。背《せ》の高い篠竹《しのだけ》やら、草が生《お》い茂《しげ》っていた。

川沿いに、一本の道が通っておってな、長沼の方から、片倉《かたくら》・小比企へ行くのに、この道が近道じゃったので、村の衆《しゅう》は良くこの道を通ったものじゃ。

道からは、藪だたみじゃったので、川面《かわも》を見る事はできなかった。

この大堰の辺りで、昼間は何も起《お》こらんのじゃが、夕方から、晩《ばん》にかけて、不思議《ふしぎ》な事が、ときどき起こったんじゃ。

里人が仕事で遅《おそ》くなっちまって、早く家に帰《かえ》りたいもんで、仕方なくこの道を通ったんだと。だいぶ暗くなってきて、

「今夜は何も起《お》こらんように、願いたい……」

と、ブツブツ言いながら、急ぎ足で大堰まで来たら、何やら音がするのじゃ。

「ザクーン、ザクーン」「ザクーン、ザクーン」

と、だんだん激《はげ》しくなったかと思うと、やがて、

「ガラガラ、ザザーッ」

と、何やらあける音に変わるんじゃと。

びっくりして、藪だたみをかき分けて、
川をのぞいても、だーれもおらん。

砂利《じゃり》をすくったり、こぼしたりする音じゃが、
湯殿川は、特にこの大堰の辺りは、
深みだから、河原《かわら》はないんじゃ。

「だれのいたずらじゃー！」

と、怒って、川に下りて行くと、そのまんま、
川に引《ひ》き込《こ》まれてしまうんじゃと。

それで、溺《おぼ》れて死んだ人が何人もいたんだと。

これが、川天狗《かわてんぐ》という、妖怪《ようかい》の仕業《しわざ》ということじゃ。

だーれも姿《すがた》を見たもんはおらん。

夕方から、晩にかけては、女、子どもは川に近寄《ちかよ》らんほうがいいといわれておる。

物知りの爺《じい》さまが、

「晩方《ばんがた》、大堰を通る時は、ふところに、小豆《あずき》を入れておき、ザクーン、ザクーンと音が聞こえたら、

〝ホーレヨッ〟

と、言いながら、小豆を投げてやるんじゃ。すると不思議な事に、砂利をすくう音がしなくなるんじゃ」

と、教えてくれた。

「小豆は昔《むかし》っから、魔除《まよ》けじゃし、かえって川天狗に小豆を投げてやった者は、足、腰《こし》が丈夫《じょうぶ》になったそうじゃ」

と、爺さまが言っとった。

小さな小石で遊ぶのが大好きな妖怪・川天狗、小豆は赤い小石のように見えたのかもしれんな。

妖怪・川天狗を見たもんは、だーれもおらんそうじゃ。


とんとんむかしは、へえしまい。

四尺井戸《よんしゃくいど》（美山《みやま》）

とんとんむかし、武州《ぶしゅう》は、多摩郡《たまごおり》の山入村《やまいりむら》ちゅう所に、評判《ひょうばん》の良い働《はたら》き者の娘《むすめ》がおったそうじゃ。娘の家には、じいさま、ばあさま、お父っつぁんにおっ母さん、それに弟妹が四人もおった。娘は五人兄弟の一番の姉さんじゃった。年頃《としごろ》になっても浮《うわ》ついた噂《うわさ》一つなく、畑の仕事や家事など、まめまめしく働《はたら》いておってな、いつもニコニコとそりゃ評判の良い娘じゃった。じいさま、ばあさま、はじめ皆《みな》元気で働きもんじゃったが、なんせ大家族なので、暮《く》らしは楽ではなかった。そんでも、やせた土地ではあっても山や畑があったんで、みんなで山仕事や、農機具を作ったり、機《はた》を織《お》る内職《ないしょく》に精出《せいだ》したり、なごやかに暮らしておった。

だがな、ある年、武州《ぶしゅう》一帯が旱魃《かんばつ》に襲《おそ》われてな。冬が過《す》ぎ、春になっても雨が降《ふ》らんのじゃ。梅雨《つゆ》になっても、一滴《いってき》の雨も降らんかったそうじゃ。

畑はバサバサ、田圃《たんぼ》は地割《じわ》れがして稲《いね》などみんな枯《か》れてしまった。山入は水の豊《ゆた》かなところだったが、その年は家々の井戸も枯れ、泉《いずみ》も涸《か》れ、大小の川も干《ひ》いてしまった。水に困《こま》った村の衆《しゅう》は、山入川の川底を掘《ほ》って、出てきた僅《わず》かな水をみんなで分け合ったのじゃ。

太陽のじりじりと照《て》り付ける暑《あつ》い暑い日が何日も続《つづ》いていた。食べることにも事欠《ことか》いていたので、とうとう元気だったじいさま、ばあさま、働きもんの父母も倒《たお》れてしもうてなあ。

若い娘は、一人で家族を支え懸命《けんめい》に働いたが、水がなければ作物も出来ない。食い物が乏《とぼ》しく

なって、幼《おさな》い弟や妹もやせ細っていったそうじゃ。娘は空に向かって手を合わせ、

「雨を降《ふ》らせて下され」

と祈《いの》ったと。

そんなある日、山入川の水の分配《ぶんぱい》を受けて、家に戻《もど》る途中《とちゅう》のことじゃ。水は手桶《ておけ》に半分ほどじゃった。この水が、娘の家族全員の渇《かわ》きをいやす水であった。一滴もこぼせない、無駄《むだ》に出来ない大切な大切な水であった。我が家の見えるところまで来たとき、弱々しい人の息《いき》を聞いた。周囲を見渡《みわた》したが、人影《ひとかげ》はなかった。じりじりと照りつける太陽の眩《まぶ》しさばかり。娘は再び歩き始めたが、また弱々しい人の息を聞いてな。しおれた道ばたの雑草の影に、かすかに動くものを見つけた。

それは薄汚《うすよご》れた古衣《ふるごろも》を身に着けた、旅《たび》のお坊《ぼう》さまじゃった。

「お坊さまでは……」

と、娘は雑草《ざっそう》に分け入った。お坊さまは息も絶《た》え絶《だ》えで、今にも死《し》んでしまいそうじゃった。

「お坊さま、しっかりなさいませ」

娘は、すぐに手桶《ておけ》の水を柄杓《ひしゃく》に汲むと、惜《お》しげもなくお坊さまに差し出したんじゃ。娘は思った。

〝大切な水じゃが、このお坊さまの難儀《なんぎ》を見過ごすわけにはいかない〟

娘の差し出した柄杓の水を一杯飲みほしたお坊さまは、少し元気になられたんじゃ。

「かたじけない。わしは、旅の修行僧《しゅぎょうそう》じゃが、多摩の山の根の寺々を巡拝《じゅんぱい》中、喉《のど》が渇き行き倒れ

てしまった。このままであったら、確かに死んでおったであろう。本当にありがとう……」

「本当にようございました」

「申し訳ないが、もう一杯お恵《めぐ》み下さらんか」

と申し訳なさそうに、お坊さまは言ったんじゃ。

「はい」

と娘は答えながら、二杯目を差し上げた。

〝お坊さまがお元気になられれば、
私の飲む分を差し上げよう〟

と、思ったのじゃ。

　お坊さまは、二杯目を飲み干すと、
さらにお元気になられてな。

　そして、立ち上がる事が出来たそうじゃ。

娘は、瞳《ひとみ》を輝《かが》かせて、吾《わ》がことのように喜《よろこ》んだ。

「お坊さま、もう一杯召《め》し上《あ》がって下され。

そうすれば元気に歩く事もできましょう」

「有難《ありがた》いことで……。大切な水を快く恵んで下された。

命の水を与えて下さるあなたの心《こころ》を、水の神、龍神《りゅうじん》も、しかと見届《みとど》けたことでしょう。私は、あ

なたのおかげでほれこのとおり、すっかり元気を取り戻しました。残りの水は、ご家族のために大切になさるが良い」

お坊さまは、娘に深く感謝《かんしゃ》したそうじゃ。

粗末《そまつ》な身なりながら、正しく身支度《みじたく》を整《ととの》えたお坊さまは、改めて、娘に言ったんじゃ。

「お礼に、あなたならできる良いことを教えてあげよう。ここより辰《たつ》の方角《ほうがく》（東南東）一町ほどのところの地を、明日辰の日の辰の刻《こく》（午前八時前後）に穴《あな》を掘《ほ》って見なさい。四尺《よんしゃく》（約一、二m）掘ると、水を得る事が出来よう。ただし一人で掘る事じゃ。四尺ならば、大変じゃが、女手でも掘れる深さじゃ。この水は、村々の人たちも潤《うるお》すことだろう」

そう言うと、お坊さまはどこへともなく、立ち去っていったそうじゃ。

娘は、翌日を待って教えられた土地に行き、言われたとおり一人で四尺掘ったんだと。お坊さまの言われた通り、正真正銘《しょうしんしょうめい》、清らかな水が湧《わ》き出《だ》し、井戸《いど》に溢《あふ》れたそうじゃ。娘たち家族の喜《よろこ》びはもとより、村の人々にもたいそう喜ばれた。しかも、この井戸より溢れて飛《と》んだ水溜《みずたま》りが四方に点在《てんざい》して、そこにも井戸が生まれたんだと。

娘が掘り当てた井戸は四方の井戸の中央にあったので、これより、この地を中井と呼んだそうじゃ。中井の井戸は、その後、いかなる旱魃《かんばつ》にも、決して涸れなかったそうじゃ。

旅の修行僧は、諸国《しょこく》を行脚《あんぎゃ》していた弘法《こうぼう》さまだと、風の便《たよ》りで娘は知ったそうじゃ。

とんとんむかしは、へぇしまい。

ジャンル別索引

※高尾山のお話に関しては、ふこく出版『高尾山昔話　とんとんむかし』『天狗さまのはなし――高尾山説話集』を参照ください。

編集後記

平成二十六年（二〇一四年）四月二十七日、我が高尾山とんとんむかし語り部の会の例会にて、かねてより念願の語りの原稿本編集の、十名のメンバーが発表されました。

第一回本作り編集会議が、六月五日に行われましたが、まもなく一人が語り部の会を退会し、平成二十七年八月には、主要メンバーの林八重子さんが他界されました。病人や怪我人も出たりして大変でしたが、二十二回の編集会議を重ね、平成二十八年四月、ようやく脱稿しました。

その後、九人の素人の書いた、まちまちの癖のある原稿を基に、お骨折りくださいました揺籃社様に深く感謝申し上げます。有難う御座います。

高尾山とんとんむかし語り部の会の会員、全員の協力を得てここまで辿りつけました。有難う御座いました。

編集メンバー
高尾山とんとんむかし語り部の会
会長　吉田　美江
故林八重子
石村　秀子・荻野喜久江
小室　早苗・田中　芳美
中村　雅臣・藤田　卿子
安本　勝子

編集委員長　藤田卿子記

とんとんむかし

――語ろう! 八王子のむかし話――

二〇一六年 七月一日 初版
二〇二二年十一月三日 三刷

編 集 高尾山とんとんむかし語り部の会
発行者 吉 田 美 江
〒一九二―〇九一二 東京都八王子市絹ヶ丘一―一七―三
TEL 〇四二―六三五―五九五一
発売元 揺 籃 社
〒一九二―〇〇五六 東京都八王子市追分町一〇―四―一〇一
TEL 〇四二―六二〇―二六一五
http://www.simizukobo.com/
印 刷 株式会社 清水工房

ISBN978-4-89708-367-4 C0039

乱丁・落丁本はお取替えいたします

平成28年度八王子市市民企画事業補助金交付事業